LILIANA LAGANÁ

ADEUS ÀS FÁBULAS

Editora Labrador

Copyright © 2021 de Liliana Laganá
Todos os direitos desta edição reservados à Editora Labrador.

Coordenação editorial
Pamela Oliveira

Assistência editorial
Larissa Robbi Ribeiro

Projeto gráfico e diagramação
Patrícia Maeda

Revisão
Marília Courbassier Paris

Capa
Felipe Rosa

Imagem de capa
Acervo da autora

Dados Internacionais de Catalogação na Publicação (CIP)
Angelica Ilacqua – CRB-8/7057

Laganá, Liliana, 1939-
   Adeus às fábulas / Liliana Laganá. -- São Paulo : Labrador, 2021.
   112 p.

ISBN 978-65-5625-118-9

1. Laganá, Liliana, 1939- Memória autobiográfica 2. Itália - Reconstrução (1939-1951) - Narrativas pessoais italianas I. Título

21-0793   CDD 940.548245

Índice para catálogo sistemático:
1. Segunda Guerra : Itália : Pós-Guerra : Narrativas pessoais

EDITORA Labrador

Editora Labrador
Diretor editorial: Daniel Pinsky
Rua Dr. José Elias, 520 – Alto da Lapa
05083-030 – São Paulo – SP
+55 (11) 3641-7446
contato@editoralabrador.com.br
www.editoralabrador.com.br
facebook.com/editoralabrador
instagram.com/editoralabrador

A reprodução de qualquer parte desta obra é ilegal e configura uma apropriação indevida dos direitos intelectuais e patrimoniais da autora.

A editora não é responsável pelo conteúdo deste livro. A autora conhece os fatos narrados, pelos quais é responsável, assim como se responsabiliza pelos juízos emitidos.

Fontanella
de Via Flaminia

Sentinella solitaria
der tempo ch'è passato
tu sola sei rimasta
a piagne su la via
l'antica compagnia

Para Adolfo
in memoriam

Penso assim: se um escrito meu consegue despertar lembranças e emoções em quem o lê, terá alcançado um importante objetivo: o de ter penetrado o espírito humano e identificado nele aquele núcleo fundamental e universal que nos faz todos essencialmente iguais, todos pertencentes a uma única espécie: a humana.

O outro objetivo é mais pessoal: para mim, escrever é uma cura. É o prazer que afunda suas raízes nas fábulas que ouvia de minha avó materna, e de certa forma o perpetua. Mas é também a forma que encontrei de dar leveza a lembranças não leves, de guerra, de medos, de miséria, de humilhações, de dolorosos adeuses.

Este livro, embora a distância de tantos anos, é a continuação do *A última fábula*, publicado em 2002.

Naquele, a menina se encontra num trem de refugiados que a leva para Roma, após o fim da guerra, e se dá conta de que perdeu para sempre o lugar de sua primeira infância, que ela tanto amava e, chorando, encontra consolo contando a si mesma uma das fábulas que ouvia de sua avó.

Neste, a menina chega ao fim de sua viagem e percebe que sua vida mudou drasticamente, na Roma desolada do pós-guerra, onde, a princípio, se sente, literalmente, como uma estranha no ninho. Mas deixemos a menina falar, ela tem muito a contar.

Sumário

Trens nos trilhos 11
Uma estranha no ninho 17
Pidocchiosi 21
Da cor violeta 25
A sopa nossa de cada dia 29
O passarinho verde 33
A hora do café 37
Brincar de senhoras 41
Ponte Mollo 43
Sábados de Aleluia 47
Sem asas para voar 51
A confissão 55
Tesouros no quintal 59
O rádio 63
A cadeira do Papa 67
O ritual do pranto 71

Em nome da Cruz 75
Castigo sem crime 79
O ovo de Páscoa 83
Lunedì dell'Angelo 85
Heróis de papel 89
Ti ricordi quel Natale? 93
Menina teimosa 97
Pegadas na neve 101
A nova casa 105
Fontanella de Via Flaminia 109

Trens nos trilhos

Roma, agosto de 1946

Quando a guerra finalmente acabou em toda a Itália, os trens voltaram a circular, a correr em seus trilhos, do norte para o sul, do sul para o norte, como linhas a costurar as duas partes da península que haviam sido separadas durante o conflito.[1]

Eram trens de carga, e neles viajavam de volta os soldados e regressavam os refugiados para suas casas, sem saber se as encontrariam em pé ou feito entulho; viajavam uns em busca de um filho, de um pai, de um irmão, e outros, abandonando os campos desesperados do sul, viajavam para as cidades do norte, ou para Gênova e Nápoles, portas de saída para a tão sonhada América.

---

1. Em 23 de setembro de 1943, quando a Itália assinou o armistício com os Aliados, que entraram pelo sul do país e marcharam para o norte da península, expulsando os alemães, Mussolini, com o apoio dos nazistas, fundou ao norte a República Social Italiana, também conhecida como República de Saló, dividindo a Itália em duas partes, separadas pela chamada Línea Gótica, dando origem à guerra civil e à Resistência Italiana. Saló foi dissolvida em 29 de abril de 1945, após a execução de Mussolini.

Em Roma também chegavam trens trazendo homens, mulheres e crianças de todas as partes da Itália: às centenas chegavam à estação, entre estridor de freios e fumaça, desciam cansados e sujos de fuligem, com suas malas, sacos e embrulhos, sumiam pela cidade, e se ajeitavam como podiam, entocando-se em grutas, amontoando-se sob os arcos das pontes e dos aquedutos, erguendo barracos à sombra das muralhas antigas ou em quintais de amigos e parentes, se os tinham.

Foi num trem desses que nós também chegamos a Roma, cansados e sujos de fuligem como todo mundo. Eu havia nascido em Roma, dissera a mamãe, quando esperávamos o trem na estação de Fabriano, mas, quando estourou a guerra, ela se refugiara comigo e meu irmão maior em sua aldeia natal, Fratterosa, porque lá era um lugar seguro. Eu era muito pequena, como meu irmãozinho agora, dissera mamãe, por isso não lembrava. E agora voltávamos para Roma, porque a guerra havia acabado.

Eu não queria ir para Roma, queria ficar em Fratterosa, onde havia aprendido a andar, a brincar, a falar, e onde sempre ouvia as fábulas de *nonna* Gemma. Olhei para meu irmãozinho que mamava tranquilo, sem saber de nada, e pensei que o colo da mamãe era um lugar seguro, e que meu irmãozinho podia ir para qualquer parte que para ele não fazia diferença, para ele era sempre o mesmo lugar, com o mesmo calor, o mesmo cheiro, o mesmo morno e doce leite.

Roma era uma cidade grande e bonita, dissera mamãe, e haveria trabalho para todos, por isso tanta gente ia para lá. Mas eu não achei bonita, nem um pouco: passamos por ruas escuras e tristes, ainda com cheiro de guerra, cheias do entulho de prédios desmoronados, e vi muitos barracos de madeira, um ao lado do outro, todos grudados numa muralha. E havia muita gente na frente dos barracos, mulheres que passavam com cestos na cabeça ou baldes cheios de água nas mãos, outras que varriam ou conversavam, homens sentados com ar de desalento, crianças descalças e esfarrapadas, que pulavam corda ou corriam sem parar, e não pareciam tristes.

Eu nunca tinha visto um barraco, e pensei que todos eles eram pobrezinhos, como os dois irmãos da fábula de *nonna*, que moravam num casebre no meio do bosque. Em Fratterosa era bem diferente, todos tinham casas de pedra ou tijolos, como a nossa, onde havia uma cozinha bem grande e um quarto espaçoso, e as ruas eram limpas e cuidadas. E pensei que em Roma também nos esperava uma casinha bonita.

E finalmente o caminhãozinho que nos levava parou em frente a um portão de velhas tábuas desalinhadas. Era a Via Flamínia, onde ficava a casa de uma tia, irmã da minha mãe. Bem em frente ao portão havia uma *fontanella*,[2] com uma porção de gente em volta, carregando baldes e garrafões. Aberto o portão, se viu um grande quintal com chão de terra, no fundo do qual estava a casa. Era uma casa de tijolos, não era bonita, mas bastante grande e lá havia muitos primos e primas, que eu não conhecia.

Mas só ficamos uns dias nessa casa, enquanto papai construía um barraco, num canto do quintal, apoiado ao muro de divisa do vizinho, que era a única parede de tijolos. As outras três eram de tábuas velhas e desalinhadas como as do portão, e o telhado não sei bem de que era. E só quando vi que era ali que iríamos morar, entendi que nós também éramos pobrezinhos, como aquela gente dos barracos que eu vira no caminho.

---

2. Uma das muitas espalhadas pelas ruas de Roma, também conhecidas como *nasoni*, pela forma curva do cano, que lembra um grande nariz, por onde sai continuamente uma água gostosa e gelada. Para a população pobre do pós-guerra, eram a única fonte de água, para beber, cozinhar, lavar e se lavar.

Papai saía todo dia em busca de trabalho, e nunca o encontrava. Mas sempre achava coisas pelas ruas, que podiam ser úteis, dizia ele. Jornais velhos trazia sempre que os encontrava, e não era todo dia, porque havia muita gente que os catava, como catavam as bitucas do chão, com um prego enfiado na ponta de um pedaço de pau. Os jornais serviam para tapar as frestas entre as tábuas, dizia papai, para a gente ficar reparado do frio, quando chegasse o inverno. Era agosto ainda, e o inverno estava longe, mas era preciso se precaver, dizia papai, enquanto enfiava os jornais no meio das frestas.

E um dia chegou em casa com um grande achado: era o cartaz de um filme, bem grande e de papel grosso, que serviu para forrar parte do teto. No cartaz havia um lago bonito, e no meio dele via-se a mão de alguém que se afogava. Toda noite, antes que mamãe apagasse a lâmpada, eu deitava olhando o lago e a mão fora da água.

E, quando aprendi a ler, lia o nome dos protagonistas do filme, toda noite, e despertava com aqueles nomes na cabeça, que repetia mecanicamente, enquanto ia para a escola, como se fosse uma poesia bem decorada, da qual hoje só lembro o primeiro nome: Gene Tierney.[3]

Era bem pequeno o barraco: só cabiam a cama e a máquina de costura da mamãe, que também servia de mesa. Os outros móveis (a mesa da cozinha com as quatro cadeiras, a *mádia*, que era o móvel de fazer pão, o grande fogão a lenha, os armários da cozinha e do quarto e a penteadeira da mamãe) ela os mandaria vir depois, dizia mamãe, quando conseguisse uma casa de verdade. E assim tínhamos de nos ajeitar do modo que fosse: o importante era ter um teto em cima da cabeça.

---

3. Descobri que se tratava do filme *Amar foi minha ruína*, protagonizado por Gene Tierney, que fez muito sucesso naquele tempo.

Meu irmãozinho e eu comíamos antes e, quando papai e meu irmão maior chegavam, mamãe nos punha na cama, porque não havia espaço para todos. Depois de eles jantarem, apoiavam a máquina de costura contra a porta, a bicicleta do papai embaixo da janelinha e mamãe abria a cama de vento, para meu irmão maior. E eu muitas vezes me perguntava porque havia diferença dentro da mesma família: meu irmão maior era rico, eu pensava, porque dormia sozinho, e nós todos amontoados numa cama só: meu pai, minha mãe, meu irmão menor e eu. E sonhava com o dia em que dormiria sozinha, lia o nome dos atores, olhava a mão no meio do lago e tudo sumia.

A cozinha era um fogareiro no quintal, embaixo da janelinha, mas não encostado, porque seria perigoso pegar fogo, e também tinha um telhadinho, para cozinhar quando chovesse. E o fogareiro era uma lata velha, com uma abertura na frente, para colocar o carvão, e uma grelha em cima, para apoiar a panela. O carvão mamãe comprava um pouco por dia, e a água a buscávamos na *fontanella*. De dia sempre havia muita gente, com baldes e garrafões, e era preciso esperar muito para chegar a nossa vez. Mamãe me mandava esperar e, quando o balde estava cheio, ela vinha buscá-lo.

Havia uma latrina, num canto escondido do quintal, e era para todo mundo: quatro paredes de tábuas, velhas como as do barraco, e uma espécie de banco com um buraco no meio, que dava diretamente no esgoto da cidade. Eu não sentava, só me agachava sobre aquele buraco, e tinha medo, porque muitas vezes passavam ratazanas naquela água escura e fedida.

Mas o quintal era espaçoso, com duas árvores, uma de figo e outra de ameixas-pretas. E nós crianças podíamos brincar de tudo: de se esconder, de amarelinha, de pular corda, de pega-pega, de simplesmente correr e, correndo, esquecíamos que éramos tão pobres.

Uma estranha no ninho

O nonna o nonna! deh com'era bella quand'ero bimbo!
ditemela ancor ditela a quest'uom savio la novella
di lei che cerca il suo perduto amor![4]
Giosué Carducci

No começo foi difícil. Eu sentia falta de Fratterosa, das minhas primas e amiguinhas de lá, e principalmente de *nonna* Gemma e suas fábulas, e tinha vontade de chorar. Então me trancava na latrina, o único lugar onde podia ficar sozinha, e chorava e dizia bem baixinho, para ninguém ouvir: quero ficar com você, *nonna*, eu não gosto de Roma! As meninas daqui me chamam de boba e caipira, e dão risada do jeito que falo. Vem me buscar, *nonna*, conte-me de novo aquelas fábulas tão lindas! Vem me buscar, vem me buscar! E chorava, chorava, até alguém bater na porta da latrina perguntando: vai demorar?

---

4. Oh vovó oh vovó! Deus que linda era /quando menino! conte-a outra vez / conte a este homem sábio a fábula / daquela que busca seu perdido amor!

Eu brincava com minhas primas e as amiguinhas delas. Brincávamos de amarelinha, de esconde-esconde, de pular corda. E isso era bom. Mas quando eu dizia alguma coisa, elas riam e caçoavam de mim porque eu falava o dialeto de Fratterosa, riam e me chamavam de caipira, vinda de uma aldeia enquanto elas, ao contrário, haviam nascido em Roma, e se orgulhavam disso, porque falavam como se fala em Roma, que era o mesmo jeito que falavam os antigos romanos. E eu chorava, corria para casa e dizia para a mamãe que queria voltar para Fratterosa, onde eu falava como todo mundo, e ninguém ria de mim.[5]

E isso toda vez que a gente brincava: eu esquecia de ficar quieta, dizia alguma palavra, e elas imediatamente deixavam

---

5. É notória a quantidade e a diversidade dos dialetos na Itália, que fazia com que, tempos atrás, italianos de regiões diferentes não se entendessem. Já Dante havia definido duas grandes áreas dialetais na Itália: a do norte, em que se encurtam ou eliminam as vogais, e a do sul, onde, ao contrário, as vogais são alongadas, sendo por isso mais musicais (as canções napolitanas são o melhor exemplo disso). Quem tratou de resolver esse problema foi Mussolini, entendendo que, para ter uma nação unida, era preciso unificar a língua, criando escolas onde todas as crianças aprendessem o italiano, sendo proibido falar dialeto. Havia nisso, evidentemente, um interesse político, pois por meio dos livros ele fazia a apologia do fascismo: um só partido, uma só ideia, uma só língua: anuladas as diferenças, perseguidos os que tinham ideias contrárias às do Partido. Felizmente, hoje, os dialetos foram revalorizados, como parte da cultura de cada cidade, província ou aldeia. E pode-se dizer que todo italiano é bilíngue: fala o italiano (bem ou mal) e o próprio dialeto, sua identidade. Impedir o povo de se expressar no próprio dialeto era o mesmo que torná-lo mudo. Não sei se as últimas palavras dos que morreram na guerra foram ditas em italiano, num último sinal de obediência. Acredito que não. Porque nessas horas é o que temos de mais verdadeiro e profundo dentro de nós que vem à tona, as primeiras palavras, sugadas diretamente do leite materno. E imagino que, nos campos de batalha, podiam ser ouvidas as mais diversas formas dialetais de imprecações ou súplicas, sobre as quais pairava a língua italiana, douta, indiferente e distante.

de lado a brincadeira e começavam a rir de mim: repetiam e repetiam a palavra que eu havia dito e, dando gargalhadas, apontavam o dedo para mim, todas elas, e me chamavam de caipira, tanto mais contentes quanto mais eu chorava.

Eu tapava os ouvidos, corria para casa, escondia a cara na saia da mamãe e dizia que não queria mais ficar ali, nem brincar com as meninas queria mais, porque eram muito más, todas elas caçoavam do meu jeito de falar e eu só queria voltar para Fratterosa. Era só isso que eu queria: voltar!

Um dia, mamãe olhou sério para mim e disse: Não seja boba! Vá lá e diga a essas tolinhas que você também nasceu aqui em Roma! E eu, encorajada pelas palavras da mamãe, voltei para a rua e, cheia de orgulho, gritei para elas: Eu também nasci em San Pietro!

E elas riram mais: San Pietro? Ela não sabe que San Pietro é uma igreja, e a maior do mundo! Ninguém nasce numa igreja, sua boba, e muito menos em San Pietro. Ela é uma caipira boba! Ela é uma caipira boba! ouvia atrás de mim enquanto, chorando, me trancava na latrina e chamava *nonna* Gemma.

Pidocchiosi

Pidocchietto era o nome do cinema onde a gente ia aos sábados, e isso era bom, porque lá passávamos horas de felicidade. Mas *pidocchiosi* éramos nós mesmos, e isso não era nem um pouco bom, porque a cabeça coçava o tempo todo. E mamãe sempre dizia: É só isso que nos deixaram os *americani*[6], os piolhos!

Não sei se a culpa era mesmo dos americanos, mas o fato é que, naquele tempo, todos nos enchemos de piolhos. Claro, banho não tomávamos, nem havia condições para isso. Nos lavávamos. No verão esquentávamos a bacia de água ao sol, e nos lavávamos por partes. No inverno era mais difícil, porque tinha de esquentar a água no fogareiro. De vez em quando, no inverno, mamãe punha água morna numa bacia grande, me punha de pé dentro dela e me lavava inteira. E esse era o banho, mas muito raro, talvez duas ou três vezes, durante todo o inverno.

---

6. Eram assim chamados os exércitos aliados, na verdade compostos de ingleses, de norte-americanos, de gente das colônias inglesas e de outros países, entre eles o Brasil (FEB).

Era sempre mamãe que lavava meus cabelos: punha uma bacia com água morna, eu abaixava a cabeça sobre a bacia, e mamãe esfregava com sabão e depois jogava água limpa para enxaguar, secava um pouco com uma toalha, e pronto. Mas no inverno era mais difícil, e mais raro, lavar os cabelos, porque não se podia sair de casa com o cabelo molhado. E mamãe só os lavava quando havia sol: esfregava e esfregava com a toalha para secá-los, e depois eu sentava ao sol, até que secassem bem, e isso demorava, no sol fraquinho do inverno.

E era assim com todos, talvez por isso os piolhos se sentiam à vontade e se reproduziam com uma facilidade incrível. E se alguém conseguisse se livrar dos piolhos, os trazia de novo da escola, porque todos estavam infestados, uma verdadeira epidemia.

Para os meninos era mais fácil: seus cabelos eram simplesmente raspados a zero. Até ganharam um nome, *zucca pelata* abóbora pelada, em torno do qual se fez uma cançãozinha, para zoar, e na verdade todos zoavam de todos. Mas, para nós meninas, era diferente: não podíamos raspar a cabeça, pois os cabelos eram muito importantes: afinal nós também tínhamos nossa vaidade. Mas muitas tranças sumiram, e tivemos de nos contentar com cabelos mais curtos, no máximo batendo nos ombros.

E foi então que, no nosso quintal, começou um ritual, todas as tardes: era a hora dos piolhos, ou melhor, a hora de tirar os piolhos. Era minha tia que fazia isso. Mamãe não fazia porque tinha nojo, mas minha tia dizia que já tinha visto tanta coisa feia em sua vida, que um piolho não era nada. Ela era muito calma e tinha o rosto sempre tranquilo e sorridente, ao contrário da mamãe, que era muito séria, e às vezes emburrada, talvez por causa do papai.

Tia Stamura,[7] era esse seu nome, sentava num banquinho e nós meninas íamos uma de cada vez: nos ajoelhávamos na frente dela, apoiávamos nossa cabeça em seu colo, e isso era gostoso, porque ela era gorda, e seu colo era morno e macio, com o avental cheiroso de comida. E era gostoso também ela fuçar em nossos cabelos, uma espécie de cafuné, em busca dos piolhos, que sentíamos esmagar com um estalido seco em suas unhas. Mas depois chegava a hora de passar o pente fino, para tirar as lêndeas, e isso não era bom, porque os cabelos, mesmo curtos, se embaraçavam e a cabeça doía. Como se não bastasse, no final, em todas nós, borrifavam inseticida, e isso era realmente ruim, sentir aquele cheiro nos cabelos, mas acho que depois mamãe os lavava.

Mas não adiantava: no dia seguinte voltávamos da escola cheios de piolhos, e ouvíamos mamãe repetir: É só isso que nos deixaram os *americani*, os piolhos!

Mas isso também teve fim: na escola a professora não deixava entrar quem tivesse piolho, e de tanto matá-los, puxar as lêndeas e de tanto inseticida, finalmente os piolhos sumiram de nossas cabeças.

---

7. Stamura: nome da heroína que, no século XII, salvou a cidade de Ancona, assediada por Federico Barbarossa. Era um nome bastante difuso na região Marche, de que Ancona é a capital e onde fica Fratterosa, lugar de nascimento de minha mamãe e seus irmãos.

Da cor violeta

Papai saía todos os dias, com sua bicicleta, para procurar trabalho. E no inverno colocava jornais em baixo da camiseta de lã, para que o reparassem do frio. E quase todos os dias voltava sem ter encontrado nada, com sua cara sempre amarrada.

Na verdade, ele não tinha nenhum ofício, nem de pedreiro nem de marceneiro nem de nada, porque se tivesse seria mais fácil encontrar trabalho, dizia. Mas papai havia saído de sua aldeia, na Calábria, para ser *carabiniere*.[8] Chegou a ser *brigadiere*, e tinha feito duas guerras, a da África e a Segunda Guerra Mundial, mas isso agora não lhe servia de nada, dizia.

O desespero do meu pai devia mesmo ter chegado ao fundo, porque começou a colher flores nos bosques, para vender na frente das igrejas, aos domingos. E eu o ajudava. Devia ser no mês de outubro, quando, debaixo dos majestosos carvalhos,

---

8. *Carabiniere* (de carabina, a arma utilizada): soldado a cavalo ou a pé da Arma Benemérita, instituída em 1814 por Vittorio Emanuele, rei da Sardenha. *Brigadiere* é o suboficial, grau correspondente a sargento maior.

nasciam os ciclamens, vestidos de delicado violeta, pequenos e humildes, com suas cabecinhas sempre voltadas para o chão, como se orassem. Eu os achava lindos, e tinha até pena de arrancá-los do chão, mas era preciso, dizia papai.

Depois de colhidos, papai os amarrava em pequenos maços, utilizando para isso o caule de uma plantinha resistente e flexível, e sempre tinha o cuidado de envolver as flores com suas folhas, e era bonito de se ver aquele contraste entre o violeta e o verde. Colocava em seguida os macinhos num cesto de vime, e eles estavam prontos para serem vendidos.

Não sei se ele ia sozinho ou sempre me levava também. Lembro apenas de uma vez em que ele me levou na frente de uma igreja muito linda, com uma escadaria de mármore e um alto gradil preto de ferro batido.

Papai me fez sentar num degrau, que estava frio porque já era outono, pôs o cesto no meu colo, me disse para eu não ter medo porque ele estava por perto vigiando, e disse o preço de cada maço.

Eu espiava para dentro da igreja, toda iluminada, na qual na certa eu não poderia entrar, porque só entrava gente muito elegante. E quase chorei ao lembrar da igreja de Fratterosa, onde eu ia com a mamãe todos os domingos, com meu lindo vestido, que mamãe passara com capricho na véspera.

Olhava as senhoras elegantes, olhava meu vestidinho surrado, me sentia envergonhada e com os olhos procurava papai que, de trás de uma esquina, me fazia sinal de silêncio, e de me acalmar, porque percebera que eu ia chorar.

Engoli o choro, e nisso chegou uma senhora muito elegante, vestida de preto, com um lindo chapéu e um véu, também preto, que lhe cobria os olhos e parte do rosto. Ela se aproximou de mim, se curvou um pouco e perguntou quanto custava cada macinho daqueles lindos ciclamens, assim mesmo ela disse, lindos ciclamens. Eu fiquei contente: dez liras, respondi, e ela disse que compraria quando saísse da igreja.

Papai, que vira de longe, se aproximou e me perguntou ansioso se ela ia comprar. Respondi que sim, papai, ela vai comprar quando sair da igreja. E o preço, quanto você disse? Dez liras, respondi. Ele emitiu uma espécie de grunhido, como de animal ferido, e seu punho se fechou de raiva: Não são dez, são vinte liras! Eu caí no choro mais sentido, e ainda chorava quando a senhora elegante saiu da igreja.

O que aconteceu, menina? perguntou ela, aflita. Eu soluçava, e meu pai, que havia ficado ali, explicou que eu errara, que cada maço era vinte liras e não dez, como eu havia dito. Não tem importância, disse a senhora, vou comprar assim mesmo, aliás vou comprar dois maços. Deu cinquenta liras a meu pai, dizendo que não precisava dar o troco, fez uma carícia gentil em meu rosto com sua mão enluvada, não chore, menina, disse e foi embora, enquanto eu continuava a chorar, sem conseguir parar.

Por que tanto pranto? Era pela humilhação diante daquela gente que aos domingos ia àquela linda igreja, ao passo que eu só podia ficar lá porque vendia flores? Era pelo medo que sentira do papai, com seu punho ameaçador, que ainda vejo cerrado sobre o violeta dos ciclamens? Era pela vergonha de ver meu pai se humilhar tanto, diante daquela senhora, por causa de dez liras? Era pela caridade que a senhora lhe fizera, comprando dois maços, e humilhando-o mais, deixando para ele o troco de dez liras? Pobre papai, pensei, e eu que o admirava tanto, e o achava forte e poderoso, quando, ainda bem pequena, o via com seu uniforme de *brigadiere*. Por que não usa mais aquele uniforme, e por que a gente, de repente, ficou tão pobre? me perguntava.[9]

Não sei dizer, talvez fosse por tudo isso que eu chorava. O fato é que essa lembrança ficou enterrada no mais fundo do meu ser, e ressurgiu muitos anos depois, de repente e com violência, fazendo-me chorar com toda minha alma ao reviver a dor, a humilhação e o pranto daquele dia. E só então entendi o motivo pelo qual, até hoje, não gosto da cor violeta.

---

9. Como disse em outra nota, em 1943, quando a Itália firmou o armistício com os Aliados, Mussolini, com a ajuda dos alemães, fundou ao norte a República de Saló, separada do resto da Itália, ainda Reino, pela chamada Linea Gótica. Naquela ocasião meu pai era responsável, com um grupo de *carabinieri*, por um campo de concentração, que havia sido improvisado no Convento de Santa Croce, na cidade de Sassoferrato, onde ficavam encerrados os subversivos, ou seja, os que combatiam o Regime Fascista. Sassoferrato estava situada na área da Linea Gótica, e o exército italiano se esfacelou: ninguém mais sabia o que fazer, e a quem obedecer. Os fascistas mais fanáticos aderiram à República, outros fugiram, escondendo-se pelos campos e outros se juntaram aos *partigiani*, que faziam guerrilha contra fascistas e nazistas. Meu pai, não querendo entregar os subversivos às autoridades fascistas, os deixou fugir e fugiu ele mesmo, tornando-se, assim, um desertor. Estaria aí a resposta à pergunta que eu me fazia de pequena?

A sopa nossa de cada dia

Muitos anos depois conheci Mafalda, nascida na Argentina das mãos de seu genial criador, Quino. Mas se a tivesse conhecido quando eu tinha a idade dela, teria compartilhado seus eternos protestos contra o mundo em que vivia, porque eu também vivia num mundo de que não gostava, e queria que fosse outro. Ninguém precisava me contar, eu mesma via como era. Havia visto a guerra e não havia gostado, nem entendido por que os homens se matavam uns aos outros, quando na igreja diziam que devíamos nos amar uns aos outros. E via que o mundo era injusto, porque havia gente rica e gente pobre, e eu fazia parte dos pobres.

Mas não teria compartilhado a eterna rejeição de Mafalda à sopa, porque de sopas eu gostava. E, mais que todas, gostava da sopa de *quadrucci*, que *nonna* Gemma fazia com farinha branca e ovos, e cozinhava no caldo de galinha. Mas essa sopa era só aos domingos, porque era o dia do Senhor, dizia *nonna*. Eu chegava da missa das onze com a mamãe, louca para comer a sopa de *quadrucci*, e *nonna* abria a porta dizendo-me, como se eu não soubesse: Adivinha o que *nonna* fez para você!

Mas nos outros dias ela fazia sopa de *cristaiati*, e eu não gostava, nem um pouco. Fazia a massa misturando fubá e farinha de trigo e amassava só com água. Para o caldo, fritava pedaços de toucinho, jogava água com alguma erva, e nesse *brodo* cozinhava os *cristaiati*. E eles tinham um gosto ruim, eu os engolia a custo, e empurrava os pedaços de toucinho para a borda do prato, onde *nonna* os recolhia para si, porque, dizia, não se pode desperdiçar nada neste tempo de-guerra. Neste caso, e só neste caso, eu teria dado razão para Mafalda.

Mas gostei de todas as outras sopas que comi, já em Roma, quando a guerra havia acabado. Gostava da sopa que nos davam no jardim de infância, onde as freiras cuidavam de nós o dia inteiro, e havia hora para tudo: hora de brincar, hora de rezar, hora de aprender a fazer as hastes, hora de dormir, hora de comer. Da hora de dormir eu não gostava: nos mandavam sentar em nossas cadeirinhas, cruzar os braços à nossa frente, apoiados na mesinha, colocar a cabeça sobre eles, ficar em silêncio, fechar os olhos e dormir. Eu não gostava. Não conseguia dormir quando mandavam, só dormia quando tinha sono, e àquela hora eu não tinha sono.

Acho que Mafalda teria sentido o mesmo e teria se rebelado. Mas ai de quem levantasse a cabeça! A freira que nos vigiava nos alcançava com uma vara comprida, sem dizer palavra, para não quebrar o silêncio. Às vezes eu conseguia olhar para alguma amiguinha que dormia placidamente, e a invejava. O tempo de dormir não passava, e o único consolo era sentir a barriguinha cheia e se lembrar da hora de comer.

Era a melhor hora, aquela de comer. Nos punham em fileira de duas e seguíamos pelo jardim, de mãos dadas, em caminhos de miúdas pedras brancas ladeadas de buchos, todos cortadinhos, todos iguais, porque eles também deviam ser obedientes, não podiam crescer como queriam, mas como queria a tesoura da irmã jardineira. Eu não gostava daquelas formas quadradinhas, e com certeza Mafalda também não teria gostado.

Caminhávamos e cantávamos: "*Come è buona la minestra che ci ha fatto Suor Sidora...*", louvando de antemão a sopa feita pela Irmã Sidora, como se fosse preciso abrir nosso apetite, nós que havíamos esperado tanto a hora de comer. Talvez Mafalda não gostasse dessa hora, ou talvez sim, se ela fosse pobre como eu.

Na escola primária também nos davam sopa. Estudávamos a manhã inteira, aprendendo a ler e a escrever, que não era tão difícil porque as freiras já haviam disciplinado nossos dedos, fazendo as hastes.

E então chegava a hora da sopa. Sempre em fileira de duas, de mãos dadas, descíamos os degraus que levavam ao subsolo, onde ficava o refectório, e a sopa vinha ao nosso encontro, subindo pela escada com seu cheiro delicioso. Não sei de que era feita aquela sopa, porque vinha em forma de creme, mas sinto seu cheiro até hoje em minhas narinas, e nunca outra sopa cheirou igual a ela. Daquela sopa, tenho certeza, seria impossível a Mafalda não gostar.

E houve outra sopa, que a gente comia em casa, mas era feita não sei onde. Era papai que ia buscá-la. Mamãe não ia, porque tinha vergonha, dizia. Mas papai punha sua roupa melhor, pegava a panela de alumínio, que era bem grande, bojuda e funda, com tampa e alça, também de alumínio. Ia e voltava com ela cheia de sopa, ainda quente e cheirosa.

E, enquanto comíamos, papai resmungava que era só isso que a pátria lhe dava, depois de ter lutado em duas guerras. Um prato de sopa, dizia, é tudo que a pátria me dá, uma esmola, e ele não queria esmola, queria trabalho, queria uma casa, mas não havia trabalho nem casa. Só aquela sopa, que ele havia ido buscar, enfrentando uma longa fila de gente, todos carregando uma panela vazia. Na certa Mafalda também teria resmungado, teria protestado, mas teria de comer aquela sopa, porque era só o que havia para pôr à mesa.

O passarinho verde

Toma, dizia mamãe, dando-me a canequinha e o dinheiro, e tome cuidado ao atravessar a rua! Eu pegava a canequinha, segurava forte o dinheiro na mão fechada e saía correndo, ouvindo ainda às minhas costas mamãe gritar: Cuidado ao atravessar a rua!

A loja não ficava longe, era só atravessar a Via Flamínia, andar um pouco para baixo, e lá estava ela, com sua escrita *Alimentari*. O moço que atendia era grande e um pouco gordo, e eu pensava que era porque podia comer bastante, em sua loja que vendia todo tipo de alimentos, menos o pão, que mamãe ia buscar num lugar onde devia fazer fila, e lá ela mostrava um papel, porque só vendiam um tanto para cada um, dependendo de quantas pessoas havia na família. E era sempre pouco.

O moço usava um avental branco, que lhe cobria toda a frente. Eu entrava, ele já sabia o que eu ia comprar, sumia atrás do balcão e reaparecia segurando a garrafa de leite, branca e embaçada. Com um gesto rápido do dedão tirava a tampinha de alumínio, que vinha sempre coberta por uma camada de nata, que eu olhava fascinada, pensando em como devia ser gostoso passar a língua nela.

Eu lhe entregava a canequinha, nem olhava ele despejar o quarto de leite que eu ia levar, só olhava a tampinha, acho até que lambia os lábios, e a olhava até ele a pôr de volta na garrafa. Eu entregava o dinheiro, que estava ainda apertado na minha mão, e ia embora.

Agora não podia correr, para não derramar o leite. Então esperava até não passar ninguém na rua, me demorava olhando de um lado e de outro e, não me aguentando, tomava um gole de leite, me deliciando com aquele branco sabor na boca. Tomava pouco, só um gole mesmo, para a mamãe não perceber.

Mas ela sempre percebia. Quando eu chegava, sempre dizia: Você bebeu! Não adiantava dizer que não. Ela sabia, não sei como, mas ela sabia. No dia seguinte era a mesma coisa, ela sempre percebia. Não ficava brava não, só dizia: Você bebeu! E ficava por isso mesmo. Mas um dia não me aguentei, e perguntei: Como você sabe? É o passarinho verde que me conta, respondeu ela.

Estranho, eu nunca tinha visto passarinho verde, ele só existia numa das fábulas de *nonna*. Ela o chamava *L'uccellin bel verd*, e na fábula ele era bonzinho, não ficava espionando as meninas, para depois ir contar para as mães. Em todo caso, no dia seguinte, olhei bem nas árvores, olhei o céu, não tinha nenhum passarinho e muito menos verde, dei meu gole e fui para casa.

Você bebeu! disse logo a mamãe. Não tinha nenhum passarinho! respondi. Mas ele me contou assim mesmo, disse ela. Fiquei com raiva do passarinho verde, e foi então que tive a ideia de enganá-la. No dia seguinte olhei, nenhum passarinho, não bebi, mas não resisti à tentação de mergulhar minha língua naquela delícia branca.

Você bebeu! Hoje não! respondi, sentindo-me finalmente vitoriosa. Bebeu sim! insistiu ela. Só molhei a língua! respondi, ainda firme. Mas um pouco de leite ficou grudado nela, disse mamãe, então bebeu!

Não havia jeito, ela sempre ganhava. Não sei se continuei a beber, sem me importar com passarinho algum, ou se parei porque para mim era uma partida perdida. Só fiquei cismada com aquele malandro do passarinho verde. E tudo ficou esquecido, enterrado na poeira do tempo.

E só quando, muitos anos depois, comecei a mergulhar no meu passado, essa lembrança veio à tona, como muitas outras, todas vivas, como se as estivesse vivendo naquele momento. Foi pena não lembrar disso quando minha mãe ainda estava viva. Na certa ela teria dito: Você era tão bobinha!

Mas dei muitas risadas de mim mesma, lembrando aquele passarinho verde e percebendo, na lembrança, o sorriso maroto no rosto da mamãe. Não havia passarinho verde coisa nenhuma, era ela que jogava sempre verde, e sempre colhia maduro.

A hora do café

Quando mamãe aparecia, com a bandeja cheia de xícaras fumegantes, parecia uma senhora, uma dama, uma condessa, sei lá. Seus olhos brilhavam de contentamento e satisfação, enquanto passava a bandeja entre suas convidadas, sentadas em círculo, como se estivessem diante de uma mesinha redonda, com uma toalha bordada e um vaso de flores no meio. As convidadas pegavam o pires, seguravam a xícara e cheiravam, inebriadas, aquele cheiro tão especial. Tomavam o café devagar, para que não acabasse logo e poderem, assim, prolongar aquele momento de felicidade.

Bebiam e esqueciam suas conversas costumeiras, as lembranças da guerra apenas acabada, as dificuldades diárias de ter algo de comer para pôr nos pratos, a falta de trabalho dos maridos, o frio difícil de combater no inverno, pois os jornais nas frestas das tábuas não impediam que o vento gelado invadisse os barracos.

Com aquelas xícaras na mão, pareciam falar de mordomos e empregados, de jardineiros e motoristas, do último vestido que haviam comprado, do casaco de pele da última moda. Era um verdadeiro *intermezzo*, a hora do café, um refrigério nos dias sofridos de cada uma, que lhes permitia sair do mundo e sonhar.

Era muito difícil, senão impossível, tomar café de verdade, naquele tempo. Tomava-se café de cevada. Nem sei por que o chamavam café, se não havia café, mas uma bebida escura e insossa, que talvez na cor lembrasse o café, ou nem mesmo nisso. Mas o que mamãe servia naquela hora era café mesmo, café de verdade, que nos mandava um tio, irmão de meu pai, que morava no Brasil. E todo mundo sabia que no Brasil o café era abundante, diziam até que todas as ruas, naquele país distante, eram forradas de café: bastava agachar-se e pegá-lo a mãos cheias.

De tanto em tanto chegava um pacote do Brasil e, recebido o aviso do correio, mamãe e papai iam correndo pegá-lo, e eu ia com eles. E, já em casa, as mãos deles fremiam ao abri-lo, e lá estavam aqueles grãos, preciosos como pérolas.

Com o café, meu tio mandava também vestidos usados das filhas, que mamãe arrumava e serviam em mim, e também uns sapatos de salto esquisito, que mamãe se recusava a usar. Mas eu brincava de senhora com eles, e ficava feliz porque dentro havia uma etiqueta com meu sobrenome: "Calçados Laganá".[10] E aquela palavra estranha, que eu lia *calcadós*, só podia significar *scarpe*, pensava. Mas que língua mais estranha! pensava.

Mas voltemos ao café. Ele chegava cru e, antes de ser café de beber, dava um pouco de trabalho. Primeiro, mamãe o torrava numa torradeira especial, coberta por um tampo com uma manivela por cima, que era preciso girar continuamente, para os grãos torrarem por igual.

---

10. Meu tio Consolato Laganá chegou a ser o sapateiro mais famoso de São Paulo, nas décadas de quarenta e cinquenta, procurado pela clientela mais rica da cidade. Foi dele a invenção do salto Anabela, ao qual me refiro acima como "esquisito". A história de meu tio Consolato está em meu livro *Terra amada*.

Quando o café começava a torrar, seu cheiro se espalhava pelo ar e logo as vizinhas começavam a perguntar, bem alto: Vai ter café hoje? E mamãe respondia, também em voz alta: Vai ter sim! Quando estiver pronto aviso vocês!

Depois de torrado, vinha minha tarefa: eu sentava, punha o moedor com os grãos de café no colo, o segurava bem firme com os joelhos e começava a girar a manivela: os grãos iam caindo no buraco, um atrás do outro e, esmagados, viravam pó, todos eles, e como pó caíam na gavetinha de baixo.

Às vezes eu olhava uns com pena, mas continuava a girar, e eles também caíam no buraco, viravam pó como todos, naquele destino comum, mas, virando pó, seu cheiro se tornava ainda mais delicioso. E eu pensava que todo o Brasil cheirava a café: as ruas, as praças, os campos, as florestas, os rios, e naquele cheiro cantarolava a musiquinha que falava de um trem que corria pelo Brasil, tão pequeno que carregava apenas três grãos de café: "*Tu tu tu tu correndo va il trenin, porta con sé tre chicchi di caffè, olé, trenino del Brasil!*" E imaginava que talvez um dos três grãozinhos fosse aquele que estava prestes a ser esmagado no meu moedor, e sentia pena, mas continuava a girar a manivela, ele que me perdoasse.

Enquanto eu moía o café, mamãe pegava a bandeja e as xícaras de porcelana, que guardava numa caixa debaixo da cama, as lavava, as enxugava e as colocava na bandeja junto com o açucareiro, também de porcelana, e só então começava a preparar a *caffettiera napoletana*: punha a água no compartimento de baixo, o café num dispositivo cheio de buraquinhos, que ficava no meio da *caffettiera*, deixava a água ferver um pouquinho, a virava de ponta cabeça, e só então falava alto, para as vizinhas ouvirem: Hora do café!

E, enquanto elas chegavam, a água fervente passava pelo café moído, descia para o compartimento de cima, que agora estava embaixo, e estava pronto o café, cheiroso e quente. As vizinhas vinham como se encontravam em casa, com seus vestidos surrados, seus aventais e seus velhos chinelos. Se sentavam em círculo, pegavam as xícaras fumegantes, e esqueciam as misérias de todos os dias.

Brincar de senhoras

Era uma brincadeira nossa, de minha prima Cristina e minha, essa de brincar de senhoras. Nela, adiantávamos um tempo que viria e que imaginávamos igual ao de nossas mães, como fazem todas as meninas. Ser mulher, ser dona de casa, ter marido e filhos, fazer compras, preparar o jantar e, claro, receber as amigas, à tarde, para tomar, juntas, um delicioso café.

Em nossa representação, repetíamos a vida que víamos à nossa volta. Mas uma coisa mudávamos substancialmente: a casa em que morávamos. Nisso, nossa imaginação voava longe. Podíamos construir a casa que quiséssemos, riscando-a no chão do quintal de terra. E assim, em lugar do barraco e das camas compartilhadas entre irmãos, surgiam casas com sala de visitas, sala de jantar, cozinha, banheiro, um quarto de casal e quartos para os filhos.

Minha prima Cristina e eu somos vizinhas e amigas, e estamos construindo nossas casas para a brincadeira de hoje. O dia está lindo, e o quintal todo iluminado pelo sol de abril. Com um galho seco, vou riscando minha casa, bem aqui perto da sombra da ameixeira, que parece um delicado rendilhado no chão, mas que agora sumiu, engolida por uma sombra maior, que encobre todo o quintal.

Continuo a riscar, e logo voltam a luminosidade e o rendilhado, para depois sumirem de novo, e de novo aparecerem. Olha só! penso eu, que já estou riscando o último quarto, nunca tinha reparado que o sol vai e vem: ilumina e descansa, ilumina e descansa, como o pulsar de um coração.

Toc toc! Chegou minha visita. Enfio meus pés no sapato de salto alto e esquisito e abro a porta. Boa tarde! Boa tarde, entre, por favor! A senhora tem passado bem? Graças a Deus, e a senhora? Eu também! E em casa, tudo bem? Com a graça de Deus! Aceita um cafezinho? Sim, obrigada! Sente-se então, que vou preparar num minuto! Que café gostoso! É o café que meu tio manda do Brasil! Que sorte a sua, porque lá em casa só tomamos café de cevada! E as crianças, como estão? Estão bem, e as suas? Também, graças a Deus! Gostei muito da sua visita! Eu também, mas agora preciso ir, logo vai chegar meu marido e eu vou preparar o jantar. Tudo bem, mas volte sempre! Venha me visitar também! Com certeza! Até logo! Até logo!

Fico um pouco na porta da casa, vendo minha amiga se afastar, segurando sua bolsa no braço, e se equilibrando em seus sapatos iguais aos meus. Logo será minha vez de visitá-la. O quintal está todo iluminado, e a sombra da ameixeira parece uma renda bordada no chão.

Ponte Mollo[11]

É assim que os romanos chamam a ponte mais antiga de Roma, que recebera um nome mais nobre – *Pons Milvius* – quando foi construída por outros romanos, muitos anos antes do nascimento de Cristo.

Dizem que esse nome – Ponte Mollo – também é muito antigo, usado, quem sabe, até pelo povo da antiga Roma, e isso porque, quando há enchentes, é sempre a primeira ponte a ser inundada, e sempre reaparece, molhada, claro.

Havia outra ponte mais antiga, mas havia desmoronado, e agora a chamavam Ponte Rotto. Mas Ponte Mollo se mantivera firme, ao longo dos séculos e dos milênios, sobre seus arcos de pedra, entre os quais desliza o Tevere, que ao passar lhes deixa uma branca carícia de espuma.

Tia Stamura, que vivia em Roma havia muito anos, um dia nos contou da grande enchente do Tevere, que ela havia assistido pessoalmente. Choveu muito naquele ano, o rio inflou-se com as chuvas abundantes como nunca antes, saiu do seu leito,

---

11. "Mollo", em romanesco, pode significar "mole" ou "molhado".

inundou tudo ao redor, e a ponte sumiu debaixo das águas, ficando fora apenas a torre que dá para o Piazzale Flamínio.

E os que moravam naqueles bairros além Tevere, como Tor di Quinto, onde nós morávamos, olharam atônitos aquele inundado de águas, como ninguém lembrava ter visto antes. E todos nós, continuou minha tia, ficamos com medo de que a ponte não resistisse, que dessa vez o rio levasse a melhor, e a destroçasse, deixando seus pedaços no fundo do leito ou os levasse para enterrá-los no mar.

Para ligar as duas partes da cidade dariam um jeito,[12] dizia minha tia, logo construiriam outra ponte, mas não seria a mesma coisa sem Ponte Mollo, há tantos anos ali naquele lugar, já eterna de tão velha. Estávamos todos acostumados a ela, como se fosse uma velha e querida vizinha de casa. Se o rio a levasse, seria como levar também parte de nós, um braço, uma perna, uma parte importante da nossa vida. Ficamos com medo de nunca mais vê-la. E quando a água começou a baixar, olhamos

---

12. Com a inundação de Ponte Mollo, a cidade ficava dividida em duas, sem comunicação, porque todas as estradas que vinham do norte (a via Cássia, a Via Flamínia, a Clódia e a Veientana) deviam atravessar Ponte Mollo para entrar em Roma.
No tempo em que vivi em Via Flamínia, havia uma linha de bonde, que vinha de Piazza de Popolo e subia a Flamínia até não sei onde. Em Ponte Mollo, que além de antiga é estreita, passava um bonde de cada vez, pois havia um único trilho. Eram bondes pequenos, que nós chamávamos *tranvetto*. Depois proibiram os bondes de atravessá-la, por medo que ela não resistisse. E ela, que havia visto bigas, exércitos, carroças, charretes, cavalos e bondes passar por ela, agora só via passar um ou outro carro e pessoas a pé. Quando foi moda os noivos deixarem cadeados amarrados em alguma ponte, jogando as chaves no rio, em sinal de união eterna, em Roma foi escolhida Ponte Mollo. Mas, após a queda do poste central, que sucumbiu ao peso dos cadeados, também eles foram proibidos. Nada mais justo: é preciso preservar essa riqueza enorme, esse legado sem preço.

com o coração na boca, e a vimos aparecer, devagar, gotejando água por todos os poros, molhada, mas inteira.

Ponte Mollo também não queria deixar o lugar onde havia nascido e vivido tanto tempo, não o deixaria para nenhuma outra ponte, era seu aquele lugar, e de mais ninguém, por isso resistia, respirava fundo, e ressurgia das águas quase nova de novo.

Sábados de Aleluia

Esperávamos o sábado com ansiedade. Na verdade, até o meio da semana, nos alimentávamos com o filme que havíamos visto no sábado anterior. Minha prima Cristina e eu ficávamos horas falando do filme: Lembra aquela cena? dizia ela. Lembra aquela outra? dizia eu, e repetíamos as frases decoradas, pois os filmes eram dublados em italiano, e nos deliciávamos ao lembrar.

Esperávamos e esperávamos, e finalmente o sábado chegava, e nós não cabíamos na pele de tanta euforia.

Meu tio Pietro, marido de tia Stamura, bem mais velho que ela, havia sido *bersagliere*[13] e era um inválido da Primeira Guerra Mundial, por isso podia entrar no cinema sem pagar nada, e podia levar os filhos. E ele levava dois ou três filhos, dos maiores, o Adolfo, a Cristina, o Mário, e eu ia junto, como filha também.

Minha tia preparava uma sacola com sanduíches de mortadela e às vezes também uma vasilha com macarrão, uma garrafa

---

13. De *bersaglio* (alvo): soldado de um corpo de infantaria italiana, especializado em acertar o alvo, com fuzis aos quais eram acopladas baionetas, nas lutas corpo a corpo.

de água, e lá íamos nós, pulando num só pé. Chegávamos para a primeira sessão da tarde, e só saíamos depois da última, e ainda ficaríamos mais. Meu tio juntava umas cadeiras, se deitava e dormia tranquilo. E nós fremíamos, no desejo irrefreável de que começasse a projeção do filme naquela tela branca e enorme.

Eram os tempos de *E o vento levou*. Agora sei que o essencial da história não entendíamos, mas não nos cansávamos de ver e rever o filme, principalmente a Cristina e eu, encantadas com as lindas imagens que desfilavam diante de nossos olhos incrédulos.

E saíamos carregando aquelas imagens e aquelas emoções conosco. Voltávamos pelas ruas de sempre, que agora nos pareciam tão estreitas e escuras, e para nossos barracos, agora mais tristes, comparados aos suntuosos palacetes, com grandes escadarias por onde desciam lindas moças com amplos vestidos que lhes chegavam aos pés, e lindos chapéus a adornar-lhes o rosto. E pensávamos naquele beijo, sonhando ser beijadas assim, algum dia, pois um beijo assim faria a vida valer a pena.

Havia também os filmes de faroeste, e esses nos levavam para pradarias sem fim, onde cavalgavam homens com lindos uniformes que combatiam contra outros homens, esses de torso nu e enfeitados com plumas de pássaros.

Era a guerra dos brancos contra os índios, e nós, cabeça feita, sempre torcíamos pelos belos uniformes. E quando chegavam, pulávamos nas cadeiras ao grito de "*arrivano i nostri!*". Gritávamos de alegria ao ver os índios caírem dos cavalos e morrerem, sem saber, inocentes que éramos, que aqueles homens defendiam o mundo que havia sido deles desde sempre, e que eram aniquilados pelo branco conquistador para se apossar de suas terras.

Havia também os filmes de *Tarzan*, que nos transportavam para florestas nunca vistas, que um branco (sempre um branco) a tornara sua e a dominava. Com um só poderoso grito, todos os animais acorriam para eliminar possíveis inimigos, outros brancos, que também desejavam ter o domínio da floresta. Mas ele vencia sempre, sob o aplauso de todos nós, que víamos extasiados aquele homem quase nu que se deslocava, ou melhor, voava entre as árvores de um cipó a outro. Era reconfortante saber que existia no mundo um homem justo e bom, que sempre estava do lado certo da história, e nós achávamos que só havia um lado certo, o nosso.

Mas havia também outros filmes que nos faziam ver nossa própria realidade. Eram os filmes nos quais nos reconhecíamos, como num espelho. Filmes que contavam histórias de medo, miséria, desemprego e fome, que nós mesmos vivíamos. Filmes, agora o sei, do neorrealismo italiano, de Rossellini, de Vittorio de Sica. E lá estavam *Roma cidade aberta* e *Ladrões de bicicletas*, ambientados não em países distantes, mas nas ruas pelas quais passávamos nós também.

Esses filmes não tinham final feliz: era a Roma ocupada pelos alemães, o temor de uma morte certa, o esconder-se desses homens vestidos de preto, as SS, que obedeciam cegamente às ordens recebidas, que pareciam ter arrancado deles qualquer traço de humanidade.

Era a luta para sobreviver, na Roma do pós-guerra, do pobre homem cuja mulher havia empenhado os lençóis do enxoval para comprar uma bicicleta, necessária para o trabalho que o marido havia finalmente encontrado, e que lhe foi roubada no mesmo dia em que começou a trabalhar, colando cartazes pela cidade. E sua longa agonia pelas ruas de Roma, sempre levando pela mão o filho garotinho, na exaustiva e inútil busca de sua bicicleta, até que, num ato de desespero, tenta, ele também, roubar uma bicicleta, sendo logo preso pelos *carabinieri*, sob o olhar atônito do filho, que cai no choro chamando *papà! papà!*. Na última cena, o pai, libertado pelos *carabinieri*, tocados pelo choro do menino, se afasta lentamente em direção ao nada, o rosto tenso, a mão desesperada apertando forte a mão do filho.

Eram tão nossos, esses filmes, que uma noite, ao chegar em casa mais tarde, meu irmão maior contou que havia parado no caminho, perto de Ponte Mollo, onde estavam rodando a cena de um filme, em que um garotinho devia chorar, chamando pelo pai. De Sica, o diretor, se esforçara em vão para fazê-lo chorar, mas não conseguira, até que enfim catou uma bituca do chão e, fingindo tirá-la do bolso do menino, lhe disse: Quer dizer que você fuma? Vou contar a seu pai! e o garoto imediatamente caiu em prantos, chamando *papà! papà!*, enquanto o diretor saia de cena correndo e gritando: Rooda! Rooda!

De Sica conseguira uma cena fabulosamente real, e que se tornou antológica no cinema internacional. Afinal, foi um final feliz.

Sem asas para voar

Todos tínhamos medo de primo Gigi. Ele era grande, forte e bravo. Batia nos irmãos menores por qualquer coisinha. Em mim nunca bateu, talvez por medo de papai, que também era grande, forte e bravo. Só uma vez Gigi me segurou alto no ar, me sacudiu com força e gritou comigo, mas não me bateu, me entregou à mamãe, sabendo que eu iria apanhar. E ela de fato me deu uma surra e tanto, daquelas que a gente não esquece.

Foi assim. No quintal havia duas árvores, bem grandes. Uma era a figueira, a árvore proibida. E quem proibira subir nela era primo Gigi. E a nós só sobrava olhar os figos, que nasciam pequeninos e verdes, iam crescendo, pouco a pouco, até ficarem gorduchos e com sua cor arroxeada. Gigi os controlava, e saberia se algum figo fosse colhido.

Confesso: uma vez não conseguimos nos segurar, e então Adolfo, que era o maior de nós pequenos, subiu na árvore, colheu dois ou três figos e corremos nos esconder para comê-los. Primo Gigi, claro, logo percebeu, e nos chamou, querendo saber quem os apanhara. Ninguém disse nada, porque todos éramos culpados. E todos apanhamos. Como sempre, ele me entregou à mamãe, e eu apanhei dela.

Só quando os figos soltavam sua gotinha de mel é que estavam prontos para serem colhidos. E então primo Gigi, só ele, subia na árvore e, com ar de quem é dono, os apanhava, enquanto nós, de baixo, olhávamos. Ele os colhia um a um, com delicadeza, os colocava numa cestinha para não se amassarem, controlava os figos ainda não maduros, e só então descia, enquanto nós esperávamos ansiosos, segurando um pedaço de pão, porque sabíamos que ele daria um figo para cada um. Afinal, primo Gigi não era tão mau.

E ele tinha razão: era preciso esperar o tempo certo de colher, porque os figos, assim maduros, com aquela gotinha de mel, eram deliciosos, valia a pena esperar. Todos nós lambíamos aquele mel e colocávamos o figo no meio do pão, sem lavar nem descascar, e era uma delícia, era o lanche mais gostoso de todos.

A outra árvore era a ameixeira. Ela também era proibida, mas as ameixas eram muitas e mais difíceis de controlar porque, quando ainda verdinhas, se confundiam com as folhas. Por isso Adolfo, quando Gigi saía, subia nela e as jogava para nós, que as comíamos assim mesmo, sem nos importar que fossem azedinhas.

A ameixeira ficava perto do nosso barraco, e um galho se estendia em direção ao telhadinho. Uma noite sonhei que voava daquele galho até o telhado, onde pousava leve como um passarinho. De manhã acordei, olhei o galho, calculei a distância, e ficou por isso mesmo. Mas voltei a sonhar o mesmo sonho, acordei com a sensação gostosa de voar, olhei o galho e fiquei me deliciando na lembrança daquele voo, e ficou por isso mesmo. Mas o sonho insistiu, até me convencer de que eu poderia voar.

Então finalmente me decidi, subi na árvore, olhei o telhadinho, um pouco mais baixo que o galho, olhei, olhei, e afinal me lancei. Mas um galho segurou meu vestido e eu fiquei pendurada no ar, esperneando e gritando.

O primeiro a chegar foi primo Gigi e eu fiquei apavorada. Ele soltou meu vestido do galho, segurou-me bem alto nos braços e, sacudindo-me forte, gritou furioso: É isso que dá querer roubar as frutas, que nem maduras estão ainda!

Mamãe apareceu na porta do barraco e Gigi me entregou a ela, certo do castigo que eu receberia, e saiu, esbravejando que da próxima vez me deixaria pendurada na árvore até eu cair, assim aprenderia a não roubar as ameixas.

Mamãe me segurou pelo braço, me sacudiu com força e me levou para dentro. E eu só sabia chorar, sabendo o que me esperava. Mas para ela eu podia contar a verdade, e antes que começasse a me bater gritei: Eu não queria as ameixas, *mamma*, eu só queria voar. Voar o quê, dizia ela, por acaso você tem asas? E ainda por cima rasgou o vestido! Se não fosse Gigi você teria se esborrachado no chão. E batia cada vez com mais força, enquanto eu continuava a gritar, em vão: Eu só queria voar, *mamma*, juro, não queria as ameixas, eu só queria voar!

A confissão

Eu já contei que, no começo, as meninas zombavam de mim. Mas logo aprendi a falar como elas e então nos tornamos uma espécie de tribo, e brincávamos todo tipo de brincadeira. A mais gostosa era a que brincávamos nas noites de verão, quando o ar descansava dos raios ardentes com que o golpeara o dia inteiro o sol romano. Àquela hora a Via Flamínia estava quase deserta, só algumas mulheres conversando nos portões dos quintais, os homens no bar, e o maior perigo para atravessar a rua era o *tranvetto*, mas a gente o ouvia chegar de longe.

O ponto de encontro era a *fontanella* e, quando estávamos todas lá, alguém dizia: Vamos! E nos espalhávamos para roubar. Os vasos na frente das casas transbordavam de flores, gerânios, dálias, rosas, damas-da-noite, que só ao entardecer se abriam e embriagavam o ar com seu perfume. Nos escondíamos no meio dos vasos, esperávamos um pouco para ter certeza de que nenhuma daquelas mulheres nos via, mas elas não ligavam para a brincadeira das crianças, entretidas em suas conversas.

E as flores estavam ali, ao alcance das nossas mãos, com as gotículas de água da rega recente, que brilhavam como estrelas num céu de flores e folhas. E a brincadeira consistia em colher uma ou duas flores e correr de volta para a *fontanella*, e quem chegasse sem flor sofria castigos: devia dar uma volta na *fontanella* num só pé, andar de quatro, ou então se ajoelhar, juntar as mãos e pedir perdão.

Estávamos todas por volta dos sete/oito anos, e chegou o tempo de fazer a Primeira Comunhão. Todas as minhas amiguinhas começaram a ir às aulas de Catecismo, se confessavam, e as mães costuravam lindos vestidos brancos, para que recebessem Jesus no grande dia. Todas elas, menos eu. E eu tinha inveja. Mas meu pai não me deixou fazer a primeira comunhão porque, dizia, a religião é o ópio do povo, para mantê-lo manso e obediente. Eu não sabia o que era o ópio, porque nunca tomara, mas mesmo assim sempre obedecia ao meu pai, porque tinha medo dele. À mamãe não, às vezes desobedecia, porque não tinha tanto medo.

E agora as meninas, na hora da nossa brincadeira, nem pensavam muito nas flores, só falavam daquilo que aprendiam nas aulas de Catecismo. Agora era um tal de isso não se pode fazer, aquilo não se pode dizer, isso é feio, se falar aquilo vai para o inferno. E eu tinha inveja, porque não aprendia aquelas boas maneiras ensinadas no Catecismo.

Havia mais: elas falavam como era bom se confessar, que se sentiam leves como se flutuassem no ar, depois da confissão. E eu tinha inveja. Como é a confissão? perguntei um dia. E elas me explicaram que se ajoelhavam no confessionário, e falavam ao padre todos os pecados. Que pecados? perguntei. Que não obedecemos, que às vezes não fazemos os deveres de casa, que dizemos algum palavrão, responderam. Vocês confessam também que roubamos? perguntei. Confessamos sim, mas o padre manda rezar um pai-nosso e três ave-marias, e estamos perdoadas. E se voltar a pecar? perguntei. Nos confessamos de novo, de novo somos perdoadas, e nos sentimos leves, quase flutuando no ar. E eu tinha inveja. Queria saber como era se sentir leve e flutuar no ar.

E enfim um dia decidi ir com elas e me confessar. Não era preciso fazer a primeira comunhão, haviam dito, podia me confessar assim mesmo. E eu fui, me ajoelhei no confessionário, e o padre, por trás da treliça de madeira, me disse: Fale seus pecados, filha. E eu contei que às vezes desobedecia à mamãe, às vezes falava um palavrão, mas as lições eu sempre fazia porque gostava. Só isso, filha? perguntou ele. E assim confessei que também roubava, e que também disso eu gostava. Rouba dinheiro da mamãe? perguntou ele. Não padre, só roubo flores. Reze um pai-nosso e três ave-marias, está perdoada.

As amiguinhas me esperavam na saída da igreja. Está se sentindo leve? Se sente flutuar? perguntaram. Eu disse que sim, mas era mentira. E não tive coragem de dizer a elas que me sentia leve e tinha a sensação de flutuar só quando, de volta à *fontanella*, voava pela Via Flamínia, carregando, altas no ar, uma flor em cada mão.

Tesouros no quintal

O filme dos piratas nos fascinou, com todas aquelas velas nos barcos e aqueles homens fortes e valentes, que atacavam outros barcos para saqueá-los, e depois escondiam seus tesouros em lugares que só eles conheciam. E foi assim que resolvemos ter também nossos tesouros no quintal. Cada uma de nós escolhia um canto, escavava uma pequena cova no chão, a forrava com folhas e a enfeitava com pétalas de flores, fazendo os arranjos mais lindos que podia.

Depois era só colocar um pedaço de vidro por cima e cobrir tudo com terra, porque não seriam tesouros se não ficassem escondidos. E era chegada a hora de cada uma ir procurar o tesouro da outra e ver qual era o mais rico, ou melhor, o mais bonito. Nos sentíamos pequenas piratas, pois nós também havíamos roubado aquelas flores, na noite anterior. Era uma brincadeira bem gostosa.

Mas um dia papai chegou em casa dizendo que finalmente havia encontrado um trabalho, e toda a família se mudaria para o bairro de Parioli. Eu fiquei muito feliz, porque iríamos morar no bairro mais chique de Roma. E dizia a todas as amiguinhas, para que ficassem com inveja: Eu vou morar em Parioli! Sei lá, pensei que papai havia ficado rico, e moraríamos num palacete, porque lá só havia palacetes. E eu imaginei como seria lindo, haveria salas e salões como nos filmes, e também haveria um quarto só para mim.

Realmente o palacete era bonito, com um grande portão de ferro que dava acesso a um jardim com canteiros recheados de flores e uma escadaria de mármore que levava à entrada principal, tendo uma estátua em cada lado. Era realmente lindo! Eu não podia acreditar!

Mas não tardou para eu perceber meu engano: não fomos morar no palacete, nem subimos aquela escadaria. O nosso lugar era a garagem, lá no fundo. E só podíamos entrar no palacete por uma porta lateral, que dava acesso à cozinha. Então entendi: papai era motorista do conde e mamãe, cozinheira da condessa.

Eu olhava aquelas flores e pensava que daria para fazer muitos tesouros com elas. Mas era proibido tocá-las, a mamãe logo disse que a condessa não queria, e que se eu mexesse nas flores nos mandariam embora. Só podia olhá-las de longe, nem andar pelo jardim podia, pois era o lugar dos condes e de suas visitas.

Meu irmão menor, que não entendia essas coisas, um dia fez xixi num canteiro, bem em cima das flores: quem sabe pensou irrigá-las, como fazia à tarde o jardineiro, ou talvez não pensou nada, apenas teve vontade de fazer xixi, e fez. Mas a condessa o viu, e de longe gritou para a mamãe: Senhora, tire seu filho daí, vai matar minhas flores! Mamãe agarrou meu irmão, deu-lhe uns tapas na bunda para que a condessa visse, mas eu a ouvi dizer baixinho: Imagine se xixi de criança vai matar flores, sua bruxa!

Um outro dia, eu estava na cozinha com mamãe e a ajudava enxugando talheres. A condessa entrou na cozinha, me viu segurando uma colher com as mãos e gritou: Não, menina, não é assim que se faz! Depois baixou a voz e acrescentou, com aquele jeito meloso com que as condessam falam: Você não pode segurar a colher com suas mãos, que vai ver nem limpas estão. Deve segurá-las com o pano de prato, assim! Me mostrou como se fazia, e ainda disse: Se não aprender direito, nunca vai ser uma boa criada! Eu queria dizer que não queria ser uma boa criada, que eu ia estudar e ser uma professora, papai sempre dizia isso, mas ela iria dar risada de mim, e assim não disse nada, apenas abaixei a cabeça, e mamãe também não disse nada.

Mas à noite ouvi a mamãe dizer ao papai que ela não aguentava mais continuar ali, que não suportava que seus filhos fossem humilhados, que queria voltar para o barraco, porque lá éramos todos iguais, pobres mas iguais, e que ali havíamos ficado mais pobres, porque o tempo todo nos jogavam a pobreza na cara, e ela tinha o seu orgulho, e seus filhos nem podiam andar pelo jardim, deviam aprender qual era o lugar deles, e assim por diante. Papai escutou, e não sei o que respondeu, porque acho que dormi.

Mas uns dias depois voltamos para a Via Flamínia, e eu nunca me senti tão feliz, ao reencontrar aquele quintal. Ele não era lindo como o jardim dos condes, não tinha flores nem estátuas, nem escadaria que não se podia subir. Mas era nosso quintal e nele podíamos brincar à vontade, e voltar a ser pequenas piratas, escavar a terra com nossas mãos, sem nos preocupar que se sujassem, e nas covas fazer lindos arranjos com as pétalas das flores roubadas na noite anterior, protegê-los com nossos pedacinhos de vidro, e voltar a pôr a terra por cima para cobri-los, caso contrário não seriam tesouros, os tesouros mais preciosos, como aqueles escondidos pelos piratas.

O rádio

Naquela tarde, papai chegou em casa com um grande embrulho debaixo do braço e um largo sorriso no rosto.
Que novidade seria aquela? Logo pensei que finalmente havia conseguido outro trabalho, porque era difícil ver o rosto do papai alegre assim. Ele só abria aquele sorriso quando chegava alguém em casa, ou quando encontrava algum conhecido na rua. De resto, sempre ficava de cara amarrada, o cenho sempre franzido, e todos nós ficávamos bem quietinhos quando ele chegava.
Mas naquela tarde papai chegou em casa com aquele sorriso e com aquele embrulho, que apoiou em cima da máquina de costura. E quando retirou o papel, apareceu uma caixa de madeira lisa e luzidia. Não parecia com nenhum móvel que eu conhecesse, pois era pequena para ser uma mesa, e grande para ser uma simples caixa de guardar coisas.
O que seria aquilo? Papai pegou um fio que saía de trás daquela coisa, o inseriu na tomada e uma luzinha se acendeu por trás de um vidro colorido, onde estavam gravados um monte de números. Papai continuava a sorrir, enquanto girava um botãozinho, olhando-nos como a dizer: Esperem só! E logo

se ouviram vozes e sons e cantos, que provinham de dentro daquela caixa.

Fiquei sem fôlego diante daquela maravilha, e não tive dúvidas: só podiam ser homenzinhos bem pequeninos, menores do que aqueles encontrados por Gulliver no país de Lilliput, que ficavam lá dentro só para cantar e tocar para nós.

E, em busca deles, olhei por uns furinhos que havia atrás da caixa, olhei atentamente, demoradamente, mas nada de conseguir vê-los. Não lembro se foi o papai quem disse, ou eu mesma deduzi, mas eles só podiam estar escondidos dentro daqueles cilindros de vidro.

O fato é que, depois de um tempo, desisti de procurá-los. Afinal, que importância tinha? Era linda aquela música que me alcançava em cheio no peito, embebendo-me de alegria, e o barraco se transformou num lindo salão cheio de luzes, onde eu dançava e rodopiava, leve como nunca, e feliz porque pela primeira vez via o papai sorrir em casa!

E, naquela noite, ele girou e girou o botão até encontrar uma voz que dizia: *Qui Radio Mosca*. E a partir daí foi a mesma coisa, todas as noites. Eu achava estranho uma rádio ter nome de inseto, mas meu pai explicou que Mosca era a capital de um país distante e poderoso, um país comunista, onde todos eram iguais, sem pobreza, nem miséria, nem desemprego, porque todos os trabalhadores se haviam unido contra os patrões. E toda noite ouvia aquela voz que chegava toda cheia de ruídos, porque vinha de longe, e devia atravessar montes e vales, e campos e florestas, e dizia: *Lavoratori di tutto il mondo, unitevi!* E eu imaginava todos os trabalhadores do mundo unidos, de mãos dadas, quiçá dando a volta ao mundo, e dormia assim, todas as noites, com aquela voz que conclamava todos os trabalhadores do mundo a se unirem contra os patrões.

Eu sabia que meu pai era uma daquelas pessoas a quem eram dirigidas aquelas palavras, porque era um trabalhador, só que não tinha trabalho, nem patrão. E não entendia por que ele queria um patrão, se depois ia lutar contra ele. Mas ele me explicava que a luta era para acabar com as injustiças sociais, que não podia haver diferença entre ricos e pobres, pois todos eram iguais perante o Estado. E eu pensava que era a mesma coisa que diziam os padres, que éramos todos iguais perante Deus.

A cadeira do Papa

Minhas amiguinhas às vezes me deixavam cheia de raiva, como aquela vez que, por causa delas, meu pai me deu um tapa na cara, com sua mão enorme. E não foi um tapa pequeno não, foi um tapa pra valer, daqueles que a gente dá meio giro e fica tonta. Só uma outra vez ele havia me batido, não lembro por que, mas me dera um tapa tão forte na bunda que fiz xixi na mão dele. Depois nunca mais batera, nem precisava, porque bastava um olhar dele para eu morrer de medo, e obedecer a tudo que ele queria. Mas aquele tapa na cara doeu, e foi por causa das minhas amiguinhas, e eu não conseguia entender por que ele me batera, em vez de ficar orgulhoso de mim.

Eu gostava das minhas amiguinhas, e gostava de brincar com elas. Mas depois que começaram a ter aulas de Catecismo, elas haviam ficado umas chatas, com todas aquelas coisas que não podíamos fazer nem dizer.

Para piorar, um dia vieram com a notícia de que iriam ver o Papa.[14] Eu também poderia ir, se quisesse, as freiras me levariam, mesmo não estando no Catecismo. Meu pai não deixou.

---

14. Tratava-se de Pio XII.

Até mamãe pediu para ele me deixar ir com minhas amiguinhas, afinal de contas, que mal havia nisso? Mas não teve jeito, ele não deixou. E eu vi todas elas embarcarem felizes no ônibus, com seus aventais brancos e laços azuis, todas de cara lavada e cabelo penteado, todas elas enfileiradas, de mãos dadas, cantando essas músicas do Catecismo, que falavam do amor para com Deus, porque as outras, que falavam do amor entre os homens, não podiam cantar. Vi o ônibus se afastar e senti muita inveja.

E quando voltaram estavam eufóricas, felizes como nunca eu tinha imaginado que alguém pudesse estar feliz. E me roí de inveja, de não ser também minha aquela felicidade. E elas não se contentaram em estar simplesmente felizes, elas tinham de esfregar aquela felicidade na minha cara: Se você visse como é linda a igreja de San Pietro, cheia de estátuas de mármores e ouro, e como é grande, se você visse, a nossa aqui parece de brinquedo em comparação, e a Piazza San Pietro, se você visse, com todas aquelas colunas, e o Papa, quando passou no meio do povo carregado numa cadeira, abençoando todo mundo por igual, sem distinção entre pobres e ricos, se você visse a cadeira dele, toda forrada de veludo vermelho e os braços de ouro, cravejados de diamantes...

Eu ouvia e pensava que no nosso barraco nem cadeira havia, nem caberia, se houvesse uma, e a gente sentava na cama para comer. Para que o Papa precisava de uma cadeira assim, só para sentar e abençoar o povo reunido na praça? Mas fiquei com muita inveja de não ter visto aquela cadeira de veludo vermelho, ouro e diamantes. E então explodi: Eu estou é me lixando pra essa cadeira do Papa, e também estou é me lixando pra esse Papa! E digo mais: Abaixo o Papa e viva os comunistas!

E ao grito de abaixo o Papa e viva os comunistas, fui indo em direção ao barraco, pulando num pé e no outro, marcando o ritmo daquele meu grito de protesto. Mas não cheguei a entrar no barraco, a mão do meu pai saiu de lá de dentro antes disso, e me alcançou em cheio na cara, fazendo-me engolir o último "istas".[15] E eu que achava que ele ficaria orgulhoso de mim, porque agora eu também era uma comunista, e gritava aos quatro ventos aquilo que ele falava baixo em casa.

---

15. Só depois, quando soube que mamãe conseguira uma das casas que estavam sendo construídas para os sem-teto com fundos do Vaticano, entendi o porquê daquele tapa. Além de pobres, as famílias deviam ser católicas, ou seja, não comunistas. Na Itália do pós-guerra haviam sido criados dois partidos ferrenhamente opostos: a DC (Democrazia Cristiana) e o PCI (Partido Comunista Italiano).

O ritual do pranto

No melodrama, ou ópera-lírica, muitas protagonistas morrem no final. Morrem de tuberculose a Violeta da Traviata, de Verdi, e a Mimi da Bohème, de Puccini; morre apunhalada a Carmen de Bizet; morre jogando-se do alto de Castel Sant'Angelo a Tosca, de Puccini, e morre praticando haraquiri a delicada Madama Butterfly, também de Puccini.

Muitos se emocionam, ao assistir ópera, a ponto de chorar, liberando-se, talvez, de alguma dor escondida. Claro, na ópera a morte é ficção, é fingimento, é representação, mas as lágrimas, que podem fazer brotar nos olhos emocionados de quem assiste, são verdadeiras.

Todos, creio, já ouviram falar das carpideiras, no Nordeste Brasileiro. São as profissionais do pranto, contratadas para participar dos velórios, lamentar e chorar o morto. Nesses casos, o morto é verdadeiro, e as lágrimas das carpideiras são representação, fingimento, ficção. Uma profissão que exige talento, é claro. Esperava-se que essa simulação de lágrimas ajudasse os parentes do falecido a suportar a dor, que se desfazia em lágrimas. Era (é?) também uma forma de demonstração de importância: quanto mais numerosas as carpideiras, mais rico e poderoso o morto.

É uma profissão que afunda suas raízes em tempos muito remotos. Fala-se delas no Antigo Testamento, e seu nome, em hebraico, significa, literalmente, "aquelas que são como fonte de lágrimas".

Iconografias dos séculos XV e XIV antes de Cristo, na cidade egípcia de Tebas, atestam que era um ofício conhecido e praticado não só em Israel, mas em todo o Antigo Oriente.

Na Grécia antiga, Pentos era a personificação do pranto, incumbida por Zeus de levar aos humanos, quando perdiam algum ente querido, aquilo de que o morto mais precisava: lágrimas e tristeza.

Nas aldeias da Calábria, onde a influência grega foi muito forte, a morte de alguém não é um fato familiar, mas coletivo, de todos os habitantes. Pude ver isso ainda nos anos oitenta. Todas as mulheres, com seus eternos vestidos pretos, na cerimônia fúnebre pranteavam o morto como se fosse próprio. E de certa forma o era.[16]

Quando éramos meninas, minhas amiguinhas e eu não sabíamos nada disso. No entanto, havíamos organizado nosso próprio ritual do pranto: nas tardes de verão, nos reuníamos no quintal da minha tia, sentávamos em círculo e começávamos a leitura do livro *Cuore*, de De Amicis.

---

16. Numa das vezes em que voltei à Itália, uma tia, irmã do meu pai e a única a ficar na aldeia de Adami, na Calábria, me contou que, quando chegava a notícia da morte de alguém da aldeia, ocorrida nos lugares para onde haviam emigrado (Estados Unidos, Argentina, Uruguai, Brasil ou Austrália), se realizava seu funeral, como se o morto estivesse ali presente. Diante de minha estranheza, minha tia disse, com ênfase e firmeza: É como uma segunda morte, a primeira foi quando partiram. E não importa onde morreram, eles eram daqui, e aqui devem ser feitos seus funerais!

Já havíamos lido todas as histórias, e algumas as sabíamos quase de cor, como a intitulada *"Dagli Appennini alle Ande"*. As sabíamos todas, mas as líamos e relíamos. Não importava qual fosse a história, era o pranto que buscávamos.

Uma de nós começava a ler, lia até que se lhe embargasse a voz e os olhos não lhe permitissem mais ver as palavras. Então passava o livro para a vizinha, dizendo continue você, e esta continuava a ler até que o conseguisse, quando por sua vez passava o livro para a vizinha, e assim por diante.

O livro passava de mão em mão, completava-se o círculo, e recomeçava a circular, até que a história acabasse. E então, com os olhos vermelhos e enxugando a últimas lágrimas, mas sentindo-nos aliviadas por aquele pranto, nos despedíamos: até amanhã, dizíamos, sabendo que iríamos ler de novo e de novo chorar.

Por que, meninas de oito/nove anos, tínhamos tanta necessidade de chorar? Era pela miséria em que vivíamos e que víamos à nossa volta? Pelos barracos em que todas nós morávamos, a família toda amontoada num só cômodo? Era pela desesperança que víamos nos rostos dos nossos pais, quando voltavam à noite sem ter encontrado trabalho? Era pela história que estávamos lendo, de vidas tão mais tristes que as nossas? Era por essa tradição de pranto ritual que, sem o saber, carregávamos em nosso sangue? Talvez fosse tudo isso, ou talvez não. Talvez fosse apenas a presença de Pentos, que descera do Olimpo para nos ajudar, e abrira sua fonte de lágrimas, porque essa era a incumbência a ela dada por Zeus.

Em nome da Cruz

Hoje vamos falar de um fato muito importante na história de Roma, disse um dia a professora, um fato que aconteceu bem pertinho daqui, em Ponte Mílvio. Ponte Mollo!? dissemos em coro, meio afirmando, meio perguntando. O nome é Ponte Mílvio, retrucou a professora, o outro foi dado pelo povo, e só ao povo diz respeito, não entra nos livros de história.

E eu entendi que de um lado estava a história, com seus fatos importantes, heróis e homens ilustres, suas batalhas vencidas e glórias alcançadas. E de outro lado estava o povo, com suas lutas cotidianas para sobreviver, que não importavam a ninguém, e que os nomes que davam às coisas mais íntimas e queridas nunca apareceriam nos livros de história.

Bom, continuou a professora, hoje vamos falar do imperador Constantino: Um dia ele se dirigia ao campo de batalha à frente de seu exército quando, atravessando Ponte Mílvio, apareceu-lhe no céu uma grande e luminosa Cruz, sob a qual, também em letras luminosas, estava escrito: Neste sinal vencerás. Claro, estava escrito em latim, explicou a professora, pois era a língua falada pelos antigos romanos, mas eu a disse em italiano, para que vocês compreendam. De fato, continuou ela, Constantino venceu aquela batalha, se converteu ao Cristianismo, divulgou a fé cristã por todo o Império Romano, e fez de Roma o centro da Cristandade.

Achei aquela história muito bonita e quando, dias depois, atravessava Ponte Mollo (ou deveria dizer Ponte Mílvio?) pedi à minha mãe que parasse um pouco. Disse-lhe que estava com dor nas pernas, porque, se dissesse a verdade, ela me chamaria de tola.

Mamãe parou, e eu olhei fixamente para cima, olhei e pedi que aparecesse também para mim aquela Cruz. O céu estava lindamente azul, com umas nuvenzinhas brancas lá no alto, e eu pensei que talvez um vento divino as empurrasse até se formar uma Cruz. Pedi com todas as minhas forças. Nem precisava ter nada escrito embaixo, bastava a Cruz. Mas a Cruz não apareceu.

O que você está olhando? perguntou afinal mamãe, e eu disse que olhava o céu para ver se aparecia a Cruz, como aparecera a Constantino, e ela me puxou pelo braço, e me chamou de tola.

Mais tarde, aprendi em latim a frase que Constantino lera no céu: *In hoc signo vinces*. E aprendi como os cristãos eram perseguidos em Roma, onde suas mortes eram oferecidas como espetáculo ao povo, que devia se contentar com pão e circo, mais circo que pão, com certeza. E aprendi como, para fugir às perseguições, os cristãos se refugiavam debaixo da terra, escavando túneis como toupeiras, e como toupeiras ali viviam e, fiéis às palavras do Senhor – *Crescite et multiplicamini* – ali cresciam e se multiplicavam, escavando mais e mais no ventre da terra, criando aos poucos uma labiríntica e escura cidade de barro, o avesso da cidade de mármore, soberba e luminosa, que estava acima deles.

E aprendi como, depois da visão de Constantino, de perseguidos os cristão se tornaram perseguidores, engrossando os exércitos romanos, e em nome da Cruz empreenderam guerras ditas santas contra o infiel, e em nome da Cruz se instituiu a Santa Inquisição contra judeus e qualquer forma de heresia, usando métodos atrozes de tortura e fogueiras em praças públicas.

E, em nome da Cruz, os Reis Católicos, Isabel e Fernando, deram a Colombo o necessário para chegar ao Novo Mundo, com o fim de encontrar novas almas para a Fé Católica, num Velho Mundo dominado pelos papas.

E o Novo Mundo foi objeto de apropriação pelos que se consideraram os verdadeiros donos por destino divino, objeto de exploração e de rapina das suas muitas riquezas naturais, e alguns povos nativos, dos quais a princípio se duvidou terem almas, foram totalmente eliminados com suas antigas civilizações, muitos outros mortos ou aprisionados como escravos dos novos donos, mas, para a Fé Católica, muitas foram as almas salvas para Cristo.

Confesso que foi com muita tristeza que aprendi as tantas atrocidades que se fizeram em nome da Cruz. E muitas vezes desejei voltar a ter a inocência da menina que, em Ponte Mollo, cheia de fé e esperança, olhou e olhou o céu de Roma, em busca daquele sinal, mesmo que a chamassem de tola.

Castigo sem crime

Naquele dia, a professora dera o tema para uma composição em casa, intitulado *La primavera*. Eu gostava de escrever e não tinha medo da professora. Tinha medo do meu pai.

Ele sempre exigia que eu escrevesse a composição num papel solto e, só depois que ele o lesse e corrigisse, poderia passá-lo a limpo no caderno. E eu tinha medo quando ele lia minhas composições, porque ele nunca ficava plenamente satisfeito. Sempre se pode melhorar, dizia. Eu sempre me esforçava para melhorar, mas ele nunca ficava satisfeito.

Como sempre, entreguei o papel com a composição sobre a primavera, corri me esconder e, do meu esconderijo, observei a cara fechada dele, esperando vê-la clarear-se um pouco, talvez, quem sabe, aparecer nela um sorriso, porque eu achava bonita minha composição.

Eu havia escrito que o inverno finalmente acabara e voltara a primavera, que nos galhos das árvores apareciam brotos que logo seriam folhas e flores, que os campos estavam tão lindos, com seu verde salpicado de margaridinhas brancas e amarelas, que as andorinhas voltavam aos ninhos que haviam abandonado ao chegar o inverno, e que os bichinhos da terra saíam de suas tocas, agora que o ar estava tépido e tudo ganhava vida de novo.

Ele leu, fez algumas correções, fez um sinal de aprovação com a cabeça, e me chamou. Pode passar a limpo, disse. Só isso: Pode passar a limpo. E eu peguei o caderno e comecei a passar a limpo, caprichando na letra, frase por frase. Copiei tudo, li outra vez, achei que minha composição estava mesmo bonita, e eu iria para a escola segura de mim, porque papai a havia corrigido.

Na escola a professora chamava uma por uma as alunas, em ordem alfabética, e todas liam em voz alta suas composições. Eu ouvia cada uma, e achava que a minha era mais bonita, tão caprichada, no caderno aberto à minha frente, na carteira.

E de repente me veio à mente uma frase, eu não a pensei, ela veio sozinha. E era uma frase tão linda que resolvi escrevê-la. Eu era a letra L, daria tempo. Escrevi: *E i ruscelli con il loro rumore sembra che cantino una canzone d'amore.* E meu coração deu um pulo de alegria: aqueles riachinhos que com seu rumor pareciam cantar uma canção de amor, me pareceu um final lindo, havia até uma rima, como nas poesias.

Finalmente chegou minha vez, eu fui lá para a frente e comecei a ler. À medida que lia a professora fazia um sinal de aprovação com a cabeça, e eu continuei a ler, cada vez mais feliz e segura. Mas, quando li a última frase, ela se pôs a gritar: Isto não é farinha do seu saco! Levei um susto, dei um pulo para trás: Deus meu, pensei, ela percebeu que papai me ajudou.

Mas ela continuou a gritar: Toda a composição está bem, e está bonita, mas essa última frase não é sua, não pode ser sua! Eu tentei dizer que aquela frase acabara de escrevê-la, ali na classe. Mas caí no choro, nem podia dizer que aquela era a única frase só minha, porque seria confessar que meu pai havia ajudado. Se não fosse essa última frase, ela disse ainda, você mereceria um dez. Mas como na certa alguém escreveu por você, vou lhe dar um zero! Assim você aprende a fazer as lições sozinha!

Eu ainda tentei falar alguma coisa, mas os soluços não deixaram. E a professora gritou: Para o seu lugar! E não tive outro remédio senão voltar para minha carteira, entre os soluços e a zombaria das colegas, pagando por um crime que não havia cometido.

O ovo de Páscoa

Acho que já tinha nove anos, quando ganhei meu primeiro ovo de Páscoa. Era um ovo pequenino, de um tamanho que se situava a meio caminho entre um ovo de codorna e um de galinha, mas era meu primeiro ovo de Páscoa, era de chocolate e, mais que isso, guardava uma surpresa para mim.

Sim, porque o mais fantástico dos ovos de Páscoa era a surpresa que continham, escondidinha dentro do seu bojo. Sim, eu sei, eram ninharias, coisinhas de nada: uma correntinha, um anelzinho, um broche, um bracelete, tudo de latão. Ninharias? Coisinha de nada? Eu disse coisinhas de nada? Não! Eram verdadeiras maravilhas aquelas surpresas que vinham dentro dos ovos de Páscoa, maravilhas, lembro bem, aos olhos daquelas meninas da periferia pobre da Roma desolada do pós-guerra.

Uma surpresa, e um presente, que nem a *Befana* nos trazia, porque essa velha bruxa, que chegava numa vassoura na noite de Reis, nos trazia, quando muito, duas ou três balinhas, uma mexerica, e duas nozes, que ela punha dentro das meias que deixávamos penduradas em alguma lugar, antes de dormir, e sempre punha também uns pedaços de carvão, um castigo, em sinal de que as crianças não havíamos sido tão obedientes durante o ano.

A Páscoa era mais generosa com as crianças, trazia só ovos com a surpresa, sem mais castigos. Na Páscoa ressurgia Jesus, e os sinos, finalmente soltos depois da longa agonia, tocavam sem parar no ar azul da primavera, espantando para longe as últimas nuvens do inverno carrancudo, e nós podíamos finalmente abrir o nosso ovo.

Parece estranho, mas não consigo lembrar o que encontrei, dentro daquele meu primeiro ovinho. Lembro o momento em que mamãe o comprou para mim, lembro a ansiedade com que olhava para ele, no alto da prateleira onde mamãe o guardara e de onde – tenho quase certeza – ele piscava para mim. Lembro o tremor das minhas mãos e o barulhinho do papel, enquanto eu soltava o laço, lembro das duas metades do ovo se abrindo, mostrando finalmente o pequeno embrulho que havia dentro dele. Mais nada.

Minha lembrança se congela nesse instante, e volta a se abrir sobre outro instante, já na rua, já com minhas amiguinhas, cada uma ostentando a surpresa de cada uma, uma correntinha, um bracelete, um anelzinho... Seria um anelzinho, minha surpresa? Não sei, não consigo lembrar. Mas meu coração ainda bate de emoção, ao lembrar aqueles momentos de expectativa, quando eu olhava o ovo e ele piscava para mim.

Lunedì dell'Angelo

Lunedì dell'Angelo significa, para os católicos, o dia em que às mulheres, que tinham ido ao sepulcro e o encontraram vazio, aparece o Anjo anunciando que Jesus havia ressuscitado, e pedindo-lhes que avisassem os apóstolos. Parece ter relação também com a primeira aparição de Jesus aos apóstolos, em viagem para Emaús, fora das muralhas de Jerusalém.

Na Itália se chama *Pasquetta* a segunda-feira depois da Páscoa, e é sempre feriado. Hoje é mais um dos feriados prolongados, comemorados desde a Sexta-feira Santa, com infindáveis filas nas rodovias, como acontece sempre que se juntam dois ou três feriados consecutivos. Mas, quando locomover-se de um lugar a outro era impensável, a *Pasquetta* era comemorada nos campos próximos, *fuori mura*, como ainda se costumava dizer, indicando as muralhas que, antigamente, dividiam nitidamente o dentro e o fora das cidades.

Mas a *Pasquetta* afunda suas raízes em tempos muito mais remotos, muito antes de Cristo morrer e ressuscitar. Uma festa realizada para comemorar o retorno da vida após o longo inverno, uma consagração da primavera, em que as orgias tinham por finalidade a fertilização da terra, um momento fortemente sentido nos países nórdicos, uma euforia vivida como uma espécie de histerismo coletivo, que envolvia todos na época do Equinócio da primavera, pela volta da luz.

Na Itália do pós-guerra, a *Pasquetta* tinha um sabor todo particular: a guerra acabara, e se retomavam os costumes habituais, interrompidos durante o conflito. Podia-se sair de casa sem medo, sem o temor de ouvir a cada momento a sirene anunciando novo bombardeio ou o surdo rumor de um avião, portador de morte.

E assim, realizadas todas as funções religiosas relativas à Pascoa, após as silenciosas e tristes procissões noturnas da Sexta-feira Santa, após os hinos e cantos de glória ao Senhor ressurgido, todos podiam se entregar aos prazeres mundanos, sem culpa. E todos saíam para os campos dos arredores, em busca da natureza, também ressurgida, que explodia de primavera.

Uma *Pasquetta* ficou particularmente fixada em minha memória para sempre, como uma marca em minha alma igual às que marcam o gado a ferro e fogo, e nunca mais se apagam. Em Roma, perto do lugar onde morávamos, havia um lindo campo, e para lá se dirigia toda a vizinhança. Estendiam suas toalhas na grama verde, e felizes comiam e bebiam o que haviam trazido de casa: pão, queijo, salame, ovos cozidos e garrafas de vinho, ouvindo uma pequena orquestra que, de um palco improvisado, alegrava a festa. Alguns pares de apaixonados, os pés descalços na relva, dançavam enlaçados, e nós crianças corríamos alegres, gozando daquela liberdade, que só o ar livre do campo podia nos oferecer.

Eu corria dando voltas e voltas com minhas amiguinhas, sem sentir cansaço, como nenhuma criança sente. Era lindo! E a orquestra começou a tocar uma música cujas notas se difundiam no ar, misturadas a uma palavra que os músicos repetiam em coro: Brasil! Brasil!

E de repente aquelas notas e aquela palavra foram como lanças, que me atingiram em cheio no peito. Parei de repente, estancada, e me dobrei sobre mim mesma, segurando o peito. Minhas amiguinhas, vendo que eu parara, pararam também: O que aconteceu? perguntaram. Como dizer a elas que aquela música me havia feito mal, que me doía forte o peito, que aquelas notas me haviam ferido de morte? Na certa iriam dar risada e me chamar de boba. Não foi nada, é que me dói o baço, vou ter de descansar um pouco, respondi. Elas acreditaram, e continuaram a correr sem mim.

Sete anos depois, meu pai anunciou para mim, de supetão: *Andiamo in Brasile*. Eu havia chegado das férias escolares, passadas em Fratterosa entre o carinho de *nonna*, de tias e primas, e onde havia festejado meus quinze anos. E havia me despedido de todos dizendo que voltaria no ano seguinte.

E de repente não haveria mais ano seguinte. No ano seguinte partiria para o Brasil, numa viagem sem volta. Senti o chão abrir-se debaixo dos meus pés. Desesperada, busquei ajuda na mamãe, olhando-a na esperança que desmentisse aquelas terríveis palavras do papai. Mas ela fez sinal de sim com a cabeça, e então as palavras do meu pai foram lanças em meu peito, como as que me haviam ferido de menina, naquela *Pasquetta* premonitória, e me dobrei sobre mim mesma, ferida de morte, não me restando outra coisa senão chorar, e gritar a plenos pulmões, sabendo que seria inútil: Eu não quero partir! Eu não quero partir!

Heróis de papel

Precisávamos de heróis, nós crianças. Todas. Precisávamos acreditar que existia alguém que lutava contra as injustiças, e que defendia os mais fracos e deserdados da história. E os encontrávamos, esses heróis, nos filmes que assistíamos entusiasmados.

Era o cavaleiro solitário, que percorria planícies infinitas, levando ordem e justiça por onde passava, livrando os povos dos malvados que oprimiam as gentes pelo medo e pela violência, e depois ia embora, solitário em seu cavalo, percorrendo outras infinitas planícies, em busca de outros lugares, onde se fazia necessária sua ação justiceira.

Era o Conde de Monte Cristo, que, após sua impossível fuga da prisão de It, no meio do mar, volta para fazer justiça, vingando-se de todos os que o haviam traído. Era Zorro, que de dia fingia ser um belo homem só preocupado com sua aparência e bons modos, lendo e tocando guitarra, mas que de noite se transformava no homem vestido de preto que, cavalgando como uma sombra em seu cavalo negro, saía de seu esconderijo e fazia justiça às injustiças que de dia observava, sem que ninguém desconfiasse.

E, quando aprendemos a ler, conhecemos outros heróis, esses de papel, que vinham nos gibis. Era Mandrake, elegante com sua capa preta, seu chapéu cilindro e sua vara de mágico, sempre ajudado pelo fiel Lothar, uma montanha de músculos, vestido quase apenas de sua pele negra. E era o Fantasma, com sua eterna máscara e sua roupa que aderia ao corpo como uma segunda pele, rei de um país imaginário da África, com sua sala do trono escondida atrás de uma cachoeira e tendo a seu serviço exércitos de pigmeus, fiéis e obedientes, que o ajudavam a defender o território dos inimigos.

Claro, não entendíamos a mensagem que esses "inocentes" gibis nos transmitiam: a superioridade e a inteligência do homem branco, e sua justificativa para ocupar territórios de outros povos, inocentes como pequeninas crianças ou dotados apenas de força bruta.

Não podíamos entender, e sucumbíamos àquilo que nos faziam crer. Apenas adorávamos nossos heróis de papel, e a vantagem de os ter sempre à mão, pois podíamos ler e reler os gibis quando quiséssemos, e nos deixar levar por aquelas aventuras.

Mais tarde, bem mais tarde, entendi que também os adultos se deixam levar pelos seus heróis e as ideias que infundem neles, hipnotizando-os e, hipnotizados, arrastá-los a guerras insanas, que sempre são santas, quando a ideia se transforma em fé.

Mas voltando aos meus oito, nove anos, começou-se a falar cada vez mais de um homem poderoso, um herói de verdade, que vivia num país longínquo, em que todos eram iguais, onde não havia pobre nem rico, e onde todos eram camaradas. E esse homem viria um dia, e traria justiça, e nos resgataria, a nós e a todos os pobres, da miséria em que vivíamos. Por causa do farto bigode o chamavam de *Baffone*,[17] em Roma, e nos muros começou a aparecer escrito, em grandes letras: *Adda venì Baffone*! Sim, *Baffone* viria algum dia!

Sua fotografia estava nos jornais, em papel como os heróis dos gibis, mas sabíamos que era um homem de verdade, de carne e osso. Podia-se ver em seu rosto que era um homem forte e poderoso, e seguramente levaria a justiça para o mundo todo.

Era tanta a crença nesse homem que, quando um moleque batia num menino menor, este se punha a chorar e, afastando-se, gritava: *Adda venì Baffone!*

E o esperávamos. Todo dia espiávamos a rua, para cima e para baixo, porque não sabíamos de onde chegaria. Mas chegaria, talvez montado num cavalo poderoso como ele. Todo dia o esperávamos, toda manhã se renovava nossa esperança e toda tarde se esvaía. Talvez chegasse de noite, pensávamos, quando ninguém o esperava. Chegaria de surpresa e, quando acordássemos, encontraríamos um mundo novo.

Esperamos e esperamos. Esticávamos o pescoço, apurávamos o ouvido, aguçávamos os olhos. Mas nunca apareceu esse senhor. Vai ver, afinal, ele também era um herói de papel.

---

17. Era Stalin, tomado como exemplo de chefe de uma nação forte e justa, não se sabendo das mortes e dos expurgos por ele realizados contra todos que se opunham às suas ideias, e às suas ordens.

Ti ricordi quel Natale?

a mamma

Aquele foi um Natal como nenhuma menina poderia sonhar. Papai havia ido para a Calábria visitar sua mãe, e havia levado meu irmão maior. Havíamos ficado só a mamãe e eu. Quer dizer, havia também meu irmãozinho, mas ele não contava, era pequeno e nem sabia o que era o Natal.

Papai sempre queria comer *cappelletti*, no Natal. E *cappelletti* era muito trabalhoso fazer, precisava de tempo e muita paciência. Mamãe primeiro refogava o peito da galinha e um pedaço de vitela. Depois acrescentava um pedaço de mortadela, temperava com um pouco de sal, um pouco de noz-moscada e moía tudo no moedor manual, moía duas vezes ou mais, até a massa ficar bem moída e compacta, e a deixava de lado. Mas, antes de preparar o recheio, mamãe punha no fogareiro a panela com o restante da galinha, bastante água e umas ervas, e logo a panela começava a cheirar seu cheiro bom, que se espalhava pelo quintal, como quando torrava o café.

E logo mamãe começava a fazer a massa, com farinha e ovos, mas sempre juntava um pouco de água, para render mais, dizia. Misturava tudo, até a massa ficar lisa e amarela, e depois a abria com seu rolo. Por sorte, pensava eu, ela havia trazido da aldeia sua tábua de abrir massa, mas não era sorte não, ela é que a havia trazido, com o rolo e a faca de cortar massa, porque nunca se separaria dessas coisas de mulher, dizia.

Ela apoiava a tábua sobre a máquina de costura, começava a rolar seu rolo e a massa ia se abrindo debaixo de suas mãos, como se fosse mágica. E quando estava bem fininha, a cortava em quadradinhos, punha um pouco de recheio em cada um e os fechava em forma de chapeuzinhos, por isso se chamam *cappelletti*. E, depois, era só jogá-los no caldo, esperar que cozinhassem, comê-los e ir para a cama. E esse era o Natal. O Natal do papai.

Mas, naquele ano, papai fora viajar e mamãe ficou aliviada, porque não precisava fazer *cappelletti*. Este vai ser um Natal diferente! me disse com a cara bem feliz. Deixou meu irmãozinho com minha tia e fomos até Piazzale Flamínio, onde havia uma feirinha. Demos uma volta para ver os preços, depois mamãe parou diante de uma barraca e comprou um pouco de nozes, de castanhas, de amêndoas, de figos secos, um pedaço de torrone e um panettone, bem pequenino. E com tudo aquilo na sacola, começamos a voltar para casa, subindo devagar a Via Flamínia.

Mas, no meio do caminho, ela parou e entramos naquela loja em que se vendia de tudo. Escolhe umas figurinhas para o presépio! disse mamãe. Eu não podia acreditar: *Davvero, mamma*? Sim, mas só as pequeninas e só as mais importantes! Continuei não acreditando em minha felicidade, mas, com as mãos tremendo, peguei a Madonna vestida de azul, San Giuseppe com manto e cajado, o Bambino Gesù, um pastor, também com cajado, duas ovelhinhas brancas, um boi, também branco... Chega! disse mamãe, quando eu ia pegar outro pastor, e comprou um pacote de musgo seco.

Em casa, ela arrumou uma tabuinha num canto, e me deixou armar o presépio. Quanta felicidade, era demais para qualquer menina acreditar! E eu, entre o sonho e a realidade, espalhei o musgo bem espalhado sobre a tábua, comecei a pôr as figurinhas e o presépio ia nascendo das minhas mãos, aqui a Madonna, aqui San Giuseppe, aqui o pastor com as ovelhinhas, aqui o boi. Mas o musgo não bastava para cobrir toda a tabuinha.

Eu mudava de lugar as figurinhas, mas, por mais que me esforçasse, sempre um pedaço da tabuinha aparecia debaixo do musgo. Mamãe viu, entendeu meu esforço, me deu umas liras e disse: Vá comprar mais um pacote de musgo! E eu, com meu dinheirinho bem apertado na mão, saí correndo, e a Via Flamínia voava debaixo dos meus pés.

E finalmente as figurinhas tinham musgo à vontade, o pastor até afundava as pernas e as ovelhinhas quase sumiam no meio dele. Nunca se vira um presépio tão lindo! Agora, era só esperar a meia-noite para colocar o Bambino Gesù no seu lugar.

Aquele Natal foi uma coisa nossa, minha e da mamãe, e ficou guardado dentro de nós, como um segredo precioso, que não podíamos compartilhar com ninguém, como um amor secreto.

E ela se sentia reconfortada por aquela lembrança, pela liberdade de que pudera usufruir. E muitas vezes, quando se aproximava o Natal, me perguntava: *Ti ricordi quel Natale?* Claro que lembro, mamãe, como poderia esquecer? E foi uma das últimas coisas que me disse, já bem velhinha, já deitada em sua última cama, os olhos reverberando antiga e não esquecida felicidade: *Ti ricordi quel Natale?*

Menina teimosa

Comecei a tocar acordeão aos nove anos. Meu irmão maior já sabia tocar, e tocava *La Cumparsita* com tanto vigor que aquelas notas vibravam dentro de mim, dando-me uma vontade louca de tocar também. Não podendo mexer no acordeão, pegava o estojo, o colocava no colo como se fosse o instrumento, e tocava qualquer música, mexendo os dedos ao acaso e cantando. Foi assim que me levaram também a aprender música.

No começo era a mamãe que me levava, carregando junto meu irmãozinho. O maestro era cego e eu não entendia como podia tocar piano, violino e acordeão, sem enxergar as notas nem o teclado. Tinha as mãos longas e bonitas, era muito magro e sempre se vestia de preto. E era muito rigoroso. No começo fiquei decepcionada porque me proibiu tocar no acordeão. Eram só aulas de solfejo. Aprendia as notas no pentagrama e o tempo de cada uma, e depois em casa era aquela cantilena, horas seguidas.

Só depois aprendi a localizar as notas no teclado, sem olhar, e a fazer muito exercícios de escala, para tornar ágeis os dedos. Mas, finalmente, aprendi a tocar minha primeira música. Era *Tu scendi dalle stelle*, a música natalina que falava do Deus do

Céu, que descera das estrelas e estava numa gruta ao frio e ao gelo, sofrendo tanto por nos ter amado. Era bonita, mas triste, aquela música, e acho que me sentia um pouco culpada pela morte de Jesus. Mas, a partir de então, a tocava sempre em frente ao presépio, à meia-noite, e acho que secretamente pedia perdão a Jesus, tocando *con sentimento*, como dizia o maestro.

No segundo ano, participei do grupo que se apresentaria no Conservatório de Santa Cecilia. No grupo estava um rapaz que morava perto de casa, e a partir de então mamãe não precisou mais me levar. Mario, era esse o nome do rapaz, passava em casa, com seu acordeão vermelho flamejante, de cento e vinte baixos, nas costas. O meu era preto, menor, de oitenta baixos. E íamos. Ele era bem mais alto do que eu, e seu cabelo preto lhe caía um pouco na testa. Descíamos a Via Flamínia, chegávamos ao Piazzale Flamínio e lá, vendo o esforço que eu fazia, ele tirava o acordeão das minhas costas e o segurava nas mãos. E eu olhava para ele, e o achava lindo, assim alto, o cabelo esvoaçando ao vento, tão forte e gentil, e senti que o amava, e o amaria pelo resto da minha vida.

Atravessávamos Ponte Mollo, seguíamos por Lungotevere e chegávamos à casa do professor. Lá sentávamos todos em volta de uma mesa, sempre no mesmo lugar, para que o professor soubesse onde estava cada um, e pudesse bater com sua batuta na cabeça de quem errasse. Ensaiávamos o *Intermezzo* da Cavalleria Rusticana, de Mascagni, e alguns trechos isolados da Traviata, de Verdi.

O *Intermezzo* começava com violino, tocado pelo professor, muito suave, até entrarmos nós, os acordeões, com vigor. E aquelas notas penetravam dentro de mim, enchendo-me de uma vaga sensação de grandeza e contentamento. Os trechinhos da Traviata, ao contrário, não me diziam nada. E era toda vez a mesma coisa: o poder do *Intermezzo* e o nada da Traviata. Até que um dia não aguentei e falei bem alto: Mascagni é muito melhor que Verdi! O que foi que você disse? perguntou o maestro, alcançando-me de leve com a batuta. E eu repeti, ainda mais alto: Mascagni é muito superior a Verdi! O que você sabe de música, sua pirralha? gritou o maestro, dando-me com a batuta na cabeça, dessa vez tão forte que doeu, e continuou: Pois saiba que Verdi é nosso maior compositor e um dos maiores do mundo, quem sabe o maior de todos os tempos! E não repita uma besteira dessa, nunca mais! Ouviu? E quis bater-me de novo com a batuta, mas dessa vez desviei o golpe. E teimei, mas dessa vez falando bem baixo, entredentes: Mas eu gosto mais do Mascagni, e pronto.

Claro que depois conheci as óperas de Verdi e seus famosos coros, que são verdadeira obras-primas, que tocam fundo na alma e no amor pátrio, mas, toda vez que escuto o *Intermezzo* da Cavalleria Rusticana, volto a sentir no peito aquelas mesmas sensações de menina teimosa que, em razão delas, ousara enfrentar o maestro de música, mesmo sabendo que iria levar uma batutada na cabeça.

Pegadas na neve

a Lílio

Guarda cosa ci ha portato la Befana! – exclamou meu irmão maior, ao olhar pela janelinha do barraco. Era 6 de janeiro, o dia em que a *Befana* traz presentes para as crianças. Eu pulei da cama para ver o que ela nos havia trazido, e pela janelinha vi o quintal todo branco, coberto de neve.

Só podia ser mesmo um presente da *Befana*, porque em Roma era muito raro nevar. Mas, naquela noite, a neve havia caído, suave e silenciosa, sobre o sono dos homens. E o quintal parecia saído de um conto de fadas, ou melhor, parecia um mundo que Deus havia acabado de criar, sem nenhuma marca humana. Era cedo, e todos dormiam ainda. Para as crianças, era o último dia das férias natalinas. E também para os outros era feriado.

Mas meu irmão maior já estava de pé para ir trabalhar. Seu patrão dissera que havia trabalho em atraso, e não podia perder aquele dia. Meu irmão trabalhava como aprendiz numa alfaiataria, e devia ser o primeiro a chegar. Devia abrir e varrer o local, preparar as mesas, esquentar os ferros de passar, colocar e acender neles o carvão, e balançá-los com força, um a um, até que se formassem as brasas, de modo que, quando chegavam os alfaiates, estava tudo pronto.

Naquela manhã, como nas outras, ele levantou cedo e se vestiu rapidamente, pôs suas calças, que eram curtas ainda, pois calças compridas eram coisa de homem, e ele era ainda um rapaz. Vestiu a camisa sobre a camiseta de lã, e sobre ela a jaqueta invernal, que na verdade não era propriamente invernal, enrolou seu cachecol de lã azul em volta do pescoço, pegou o lanche que mamãe preparara, puxou o cachecol até o nariz, e saiu, abrindo e fechando rapidamente a porta, para o ar frio não invadir o barraco.

O lanche dele era meio filão de pão com chicória, que era praticamente a única verdura disponível. Mamãe a colhia num campo perto de casa, eu sei porque ia junto. Ela levava uma sacola e uma faquinha, e juntas caminhávamos olhando para o chão, em busca da chicória e, quando a encontrávamos, mamãe fazia uma incisão redonda em volta da plantinha, a pegava, a sacudia e a punha na sacola. Ela tinha muita prática, dizia, pois desde pequena havia colhido chicória em sua aldeia natal, acompanhando sua mãe. Eu também conseguia encontrar algumas, as apontava, ela as apanhava, e quando a sacola estava cheia voltávamos para casa.

Mamãe lavava a chicória na *fontanella*, na água que escorria dia e noite, inverno ou verão. Depois a cozinhava, também em abundante água, e a refogava com sal, alho e óleo, e a punha dentro do meio filão. Meu irmão levava aquele lanche debaixo do braço, e era o sustento do dia inteiro.

Era muito bonito meu irmão: o rosto bem talhado, os olhos grandes como os do papai, mas esverdeados como os da mamãe, o nariz perfeito da mamãe, e a boca dele mesmo. Seus cabelos eram de um castanho bonito, mais claro que o meu, com uma madeixa (permitam-me usar esse termo sofisticado) que lhe caía ondulante na testa. Ele tinha um jeito elegante de andar, com suas longas pernas e a testa sempre alta, acho que nem no frio a abaixava. Até o dono da alfaiataria, uma das melhores da Roma de então, lhe disse que, se fosse um pouco mais alto, poderia desfilar como modelo.

Eu te achava lindo, meu irmão, como os atores do cinema, sempre em ordem, o cabelo sempre bem penteado, com aquela madeixa na testa. Acho que nunca te disse, como nunca te disse que eu invejava aquele cachecol de lã azul, tão elegante em volta de teu pescoço. E também não te disse que, naquele dia da *Befana* branca, te olhei da janelinha, te vi caminhar com teus passos longos e ligeiros sobre a neve intacta, o rosto afundado no cachecol mas a testa altiva, te vi chegar ao portão, abri-lo e sumir atrás dele. Acho que hoje ele não vai a pé, como sempre faz para economizar o dinheiro da passagem, hoje vai pegar o *tranvetto* por causa da neve, pensei.

Era nisso que eu pensava, meu irmão, enquanto da janelinha olhava, ainda maravilhada, o branco e silencioso quintal, agora com as marcas dos teus passos, tuas pegadas na neve.

A nova casa

Papai havia frequentado apenas até a quinto ano do primário, mas era um autodidata. Ele gostava muito de ler, lia muito, e também me incentivava a ler, trazendo-me de vez em quando um livro, geralmente usado. Só *Pinocchio* veio novinho, e eu consigo ainda lembrar o cheiro daquelas páginas, que pela primeira vez alguém folheava, e vejo os desenhos, que ilustravam aquela edição para crianças. Mas os outros (*Gulliver no País de Lilliput*, *O Gato de Botas*, *Cuore* e não lembro que mais) chegaram usados às minhas mãos, mas era gostoso ler do mesmo jeito.

Mamãe ficava brava. Não temos dinheiro para comer e você gasta em livros! dizia. Mas ele continuava a comprar. Algumas vezes me levava com ele, de bicicleta, pelas ruas do centro de Roma, onde havia banquinhas que vendiam livros usados, a preços muito baixos. E lá ficava ele, olhando e procurando no meio dos livros como quem procura pepitas de ouro no meio dos rios.

E um dia encontrou uma verdadeira joia, disse. Era um livro intitulado *Il Capitale*. Eu achei errado aquele título, e disse a meu pai: Não devia ser *La Capitale*? Mas papai me disse que naquele livro *Capitale* não era uma cidade, mas as ideias de um grande homem, que havia mudado o mundo, expondo as injustiças humanas ao longo da história.

Antes ele sempre falava de um outro livro, *Os Miseráveis*, de Victor Hugo, que também expunha as injustiças e todas as misérias humanas. Me contava que o havia lido pela primeira vez quando era ainda moço, e já o lera sete vezes. Mas agora só lia o tal do Capital.

Papai sabia muitas coisas, mas para encontrar um trabalho isso não lhe valia de nada. Era preciso saber algum ofício, ter alguma especialidade. E foi por isso que começou a frequentar o curso noturno de técnico de rádio e televisão, e assim saía todas as noites.

Mamãe, ao contrário, começou a sair todas as manhãs. Se espalhara a voz de que estavam construindo casas para os sem-teto, na periferia de Roma, e para isso era preciso dirigir-se a um certo lugar, para fazer o pedido. Ela ia com uma amiga vizinha, e as duas enfrentavam longas filas, porque muitos eram os sem-teto. Muitas vezes voltaram para casa desanimadas, porque não haviam conseguido ser atendidas, e iam cada manhã mais cedo, para pegar o começo da fila. Mas isso nunca conseguiram, contava mamãe, porque muita gente passava a noite lá, dormindo no chão.

Mas, um dia, finalmente mamãe chegou em casa com um papelzinho na mão, dizendo com os olhos brilhantes: Consegui! Consegui! Ainda não era a casa, explicou, era um número para ser atendida, e eles marcaram um dia para ir lá, ela e a amiga. E foram como se tivessem asas nos pés. Depois mamãe contou que fora submetida a uma porção de perguntas: quantas pessoas moravam no barraco, quantas trabalhavam, quanto ganhavam por mês, quantos filhos tinha, qual era a idade deles, e quais eram as ideias políticas do marido.

Depois lhe mostraram a maquete do *villaggio* que estavam construindo, com fundos do Vaticano, porque, disseram, a Igreja se havia apiedado dos pobres, como sempre fizera, e o Papa destinara aquele dinheiro para melhorar a vida de seus fiéis. E voltaram a perguntar: a senhora é católica? Sim, respondeu firme a mamãe. Seu marido também? Sim, mentiu firme a mamãe.

O *villaggio* se chamava San Francesco, a meio caminho entre Roma e Óstia, disse a mamãe, e o número da nossa casa seria 51, na Via Francesco Fogolla. E mostraram para ela onde ficava sua futura casa. Eram todas branquinhas, as casas, com telhadinhos vermelhos, umas eram térreas e outras sobrados geminados. A nossa era térrea, com uma sala espaçosa, uma cozinha, um banheiro, dois quartos e um terraço em toda a largura da casa, onde ficava o tanque de lavar roupa. Na frente havia um terreno amplo, onde se poderia fazer uma horta e plantar árvores. E, no fundo, outro pedaço de terreno, onde se poderia criar galinhas.

Eles pensaram em tudo, dizia mamãe, que não se continha de tanta felicidade: poderia trazer finalmente os móveis que havia deixado em Fratterosa, o grande fogão a lenha, os armários do quarto e da cozinha, a *mádia*, a mesa da cozinha com as quatro cadeiras. E sonhava dia e noite, não parava de falar dessa casa, mas era preciso esperar um tempo antes de nos mudar, porque as casas ainda estavam sendo construídas.

E uma tarde chegaram lá no nosso barraco umas senhoras elegantes, que olharam tudo com cara de nojo. E você, menina, perguntaram quando me viram, está feliz com a nova casa? Eu fiz sinal de sim com a cabeça, porque me sentia envergonhada na frente delas. E você está na escola? Sim, na quinta série, consegui responder. E é boa na escola? Sim. Você vai à Missa todos os domingos? Sim, respondi, como a mamãe me havia dito para responder, se perguntassem. Você fez a Primeira Comunhão?

Não, mamãe não tinha dinheiro para o vestido, respondi. Coitadinha, disseram, passando a mão piedosa em minha cabeça, como se passa na cabeça de um pobre cachorrinho. E seu pai é comunista? Não, respondi, como a mamãe me havia dito para responder. Elas disseram que isso era muito bom, porque essas casas eram doadas pelo Papa a seus fiéis, e não bastava estar entre os mais necessitados para merecê-las, era preciso também ser bom cristão, e católico. E foi assim que eu soube que não só era pobre, mas que estava entre os mais necessitados.

Fontanella de Via Flaminia

> ...ch'or mi diletta troppo di pianger
> più che di parlare.[18]
>
> Dante, *Purgatorio*, Canto XIV
> Roma, 1977

Quando me viu jogar a moedinha na Fontana di Trevi, meu primo não se conteve: *Ma che fai?* disse. E continuou, no mais puro dialeto romanesco: Tudo bem seu marido ficar assim de boca aberta, como todos os *pellegrini*.[19] Mas você não, você é romana, você nasceu aqui, você viveu aqui, ou esqueceu?

Era a primeira vez que eu voltava à Itália, depois de vinte e um anos de ausência, e já era uma estranha. E como estranha, de novo estranha, visitava minha cidade natal, acompanhada por meu primo, que conhecia Roma melhor que a palma da mão.

Desde que havíamos começado nossas andanças pelas ruas e praças da cidade, meu primo sempre meneava a cabeça, em sinal de muda desaprovação. Mas não suportara me ver jogar moedinha.

---

18. "... que agora me apraz muito mais chorar, do que falar". (Dante, *Purgatório*, "Canto XIV").
19. É como os romanos chamam os turistas, talvez herança do tempo em que Roma, antes de ser centro turístico, era meta de peregrinações.

Olhei os turistas amontoados diante da Fontana, que tiravam foto enquanto jogavam suas moedinhas. Tiravam a foto e iam embora felizes. E não pude deixar de rir, ao me ver como uma deles.

Continuamos nossas andanças por Roma, sempre guiados por Adolfo, era esse o nome do meu primo, talvez inspirado naquele outro Adolf, amigo de Mussolini, ambos admirados na Itália, no tempo em que meu primo nasceu, dois ou três anos antes de mim.

E era o entardecer quando subimos ao Pincio. Apoiada na balaustrada, olhei a majestosa Piazza del Popolo a meus pés, banhada pela luz do sol que se punha atrás do *cuppolone*, como os romanos chamam a cúpula de São Pedro. Havia pouca gente, com certeza turistas, que se demoravam naquele ovalado acolhedor da praça, apreciando o obelisco, as estátuas, as igrejas, as fontes.

Eu também olhava, encantada com tanta beleza, quando de repente fui tomada por um estremecimento. E a praça se encheu de gente, muita gente, todos com roupas surradas, e sombrias caras de fome e cansaço, caras de não esperança. E eu também estava lá, segurando a mão do meu pai. E, de cima de um palanque, um homem que não vejo grita *Compagni! Compagni!*[20] E meu pai, apontando na direção daquele grito, me diz que, se aquele homem ganhar as eleições,[21] vão acabar nossos problemas e de todos que estão ali, tão pobres como nós, porque aquele homem vai trazer a igualdade entre todos, trabalho e casa para todos, e não precisaremos partir para outros países, como fazia muita gente, como haviam feito seus irmãos.

---

20. Era *Palmiro Togliatti*, líder do P.C.I.
21. Em 1948, por votação popular, a Itália deixou de ser Reino, e se tornou República.

Senti o estremecimento chegar-me aos olhos e se fazer pranto, e se fazer soluços incontidos. Adolfo, apoiado na balaustrada a meu lado, me olhou longamente, com ternura e, em silêncio, se afastou em direção à Fontana dell'Anfora, onde meus filhos brincavam sob o olhar do pai, deixando-me sozinha com meu pranto.

Na manhã seguinte, Adolfo disse que iríamos a um lugar onde não havia *pellegrini*. E começou a dirigir para fora do centro turístico.

Depois de várias voltas, finalmente parou numa rua. Chegamos! disse ele, descendo do carro. Desci também e, confusa e curiosa, olhei os belos prédios, que se erguiam dos dois lados da rua, as lojas elegantes, as sacadas repletas de flores.

Reconhece? perguntou meu primo. Reconhecer? Não, não conheço este lugar, acho que nunca estive aqui! respondi, ainda olhando as flores nas sacadas.

Olhe ali! disse Adolfo, fazendo um sinal com o queixo, a indicar algo na rua, um pouco para lá, atrás de mim. Virei-me curiosa e então a vi, a *fontanella*, jorrando sua eterna água gelada.

Foi como se um raio me tivesse atingido em cheio, arrancando de mim um grito e jogando-me de encontro a ela. E, abraçando-a como a uma velha amiga, bebi sedenta aquela água, rindo e chorando, enquanto tantas lembranças se acotovelavam em minha mente, fazendo emergir do tempo a minha Via Flamínia, com os vasos de flores à frente das casas humildes, os barracos, as lojas de então, as brincadeiras na rua, os rostos de tantos que eu esquecera.

Só ficou ela! disse meu primo. Sim, só ela havia ficado no mesmo lugar, antiga como já era, talvez um pouco mais velha e triste, assim solitária, como sentinela de um tempo que se fora, e sua água agora era pranto, eram lágrimas que se misturavam às minhas, enquanto eu continuava a beber, a rir, a chorar.

Agora sim, você voltou! disse meu primo Adolfo.

Esta obra foi composta em Janson Text LT Std 11 pt e
impressa em papel Pólen Soft 80 g/m² pela gráfica Paym.